(Re)constructions

Du même auteur

L'Alerte démocratique, L'Observatoire, 2020.

Le Monde selon Tocqueville, Tallandier, 2020 ; « Texto », 2021.

Violence et passions. Défendre la liberté à l'âge de l'histoire universelle, L'Observatoire, 2018.

Chroniques du déni français, Albin Michel, 2017.

Danser sur un volcan, Albin Michel, 2016.

Lettres béninoises, Albin Michel, 2014.

Réveillez-vous !, Fayard, 2012 ; « Pluriel », 2013.

Après le déluge. La grande crise de la mondialisation, Perrin, 2009.

Crise, chaos et fin du monde. Des Mayas au krach de 2008 (avec Fabrice d'Almeida, Jean-Luc Domenach *et al.*), Perrin, « Tempus », 2009.

En route vers l'inconnu, Perrin, 2008.

Que faire ? Agenda 2007, Perrin, 2006.

Nouveau monde, vieille France, Perrin, 2006.

Aron. Penser la liberté, penser la démocratie, Gallimard, 2005.

Le Chômage, à qui la faute ? (en collaboration avec Jean-Baptiste de Foucauld, Alain Minc et Alain Houziaux), Éditions de l'atelier, 2005.

Comment va la France ? Les dossiers du Monde (en collaboration avec Daniel Cohen et Jean-Paul Fitoussi), Éditions de l'Aube, 2004.

Suite en fin d'ouvrage

Nicolas Baverez

(Re)constructions

Éditions de L'Observatoire

ISBN : 979-10-329-2174-6
Dépôt légal : 2021, septembre

170 bis, boulevard du Montparnasse, 75014 Paris

Pour Raphaëlle,
née au cœur de l'épidémie de Covid,
avec l'espoir qu'elle verra la reconstruction
de la France et de la République
grâce au travail, à la volonté et à l'imagination
des Français du XXIe siècle.

« Déblayer pour reconstruire sans savoir grand-chose du monument futur sinon qu'il sera le plus beau, cela s'appelle faire une Révolution. »

Georges Bernanos,
Journal de la guerre d'Espagne,
27 novembre 1936.

Introduction

De quoi la Covid-19 sera-t-elle le nom ?

> « Il y a eu dans le monde autant de pestes que de guerres. Et pourtant, pestes et guerres trouvent les gens toujours aussi dépourvus. »
>
> Albert Camus, *La Peste* (1947)

Avec l'épidémie de Covid-19, qui a contraint à confiner plus de la moitié des 7,8 milliards d'hommes qui peuplent la planète, l'impensable s'est imposé au cœur de l'histoire universelle, plongeant l'humanité dans la sidération et la peur. Pourtant les alertes n'avaient pas manqué, du Sras en 2003 au virus Ebola ou à Zika, soulignant le risque majeur d'une pandémie mondiale. Cette crise, loin d'être isolée, s'inscrit dans une longue série de tragédies, toutes prévisibles, mais dont les dirigeants des démocraties occidentales ont pris le parti d'ignorer le risque, faute de savoir leur apporter une réponse, ou effrayés par l'ampleur des remises en cause nécessaires.

En moins de vingt ans, les nations libres – États-Unis en tête –, qui croyaient dominer le monde pour l'éternité, n'ont cessé d'être surprises et déstabilisées par des événements annoncés qu'elles se sont refusé à anticiper. En 2001, l'attaque terroriste sur le World Trade Center rappelait que l'histoire n'était nullement finie et que la disparition des idéologies du XXe siècle ne débouchait pas sur une paix perpétuelle, mais sur la renaissance du fanatisme religieux. En 2008, le krach du capitalisme mondialisé sanctionnait le gonflement démesuré des bulles financières et immobilières. En 2014, l'annexion de la Crimée par la Russie, puis son intervention en Ukraine en violation des traités régissant la sécurité en Europe marquaient le retour en force de la politique de puissance, laquelle fut par la suite déployée en toute impunité par les démocratures, en mer de Chine du Sud par Pékin, au Moyen-Orient par Moscou et Ankara, en Méditerranée et dans le Caucase toujours par Ankara.

Aucune leçon n'a été tirée de ces crises en chaîne et des erreurs qui ont été commises dans leur gestion. Les conflits armés se sont succédé, de l'Afghanistan à la Libye et au Sahel, en passant par l'Irak et la Syrie, débouchant sur des enlisements militaires et des défaites politiques qui ont démontré que les démocraties ne pouvaient plus ni gagner la guerre ni conclure la paix. Avec pour symbole le retrait des États-Unis et le retour des talibans en Afghanistan, au terme de vingt ans d'un conflit qui a coûté 2 400 morts, 20 000 blessés et 800 milliards de dollars à l'Amérique. La tragédie du 11 septembre 2001 n'a pas suscité de réelle prise de conscience, en Europe, sur la menace djihadiste, ce qui s'est traduit par la terrible vague d'attentats du milieu des années 2010. La stratégie de sortie du krach de 2008 a été fondée sur la relance de l'économie de bulles, conduisant à accumuler quelque 300 000 milliards de dollars de dettes publiques et privées à la fin 2019, et qui ne pouvait manquer de déclencher une nouvelle catastrophe financière – même en l'absence de Covid-19. Contrairement à la stratégie d'endiguement mise en place après la Seconde Guerre mondiale pour contrer l'expansion soviétique, tout en évitant un nouveau conflit ouvert, aucune politique cohérente n'a été mise en place pour répondre à l'ascension de la Chine et à sa volonté ouvertement affichée de dominer le monde, à l'horizon 2049 ; pas plus que pour contrer les stratégies expansionnistes des démocratures russe et turque.

Tout au contraire, les démocraties ont fait le choix de l'aveuglement volontaire, qu'il s'agisse de la dépendance envers le total-capitalisme de Pékin, du djihadisme, du réchauffement climatique, du cybermonde ou des pandémies. La priorité a été donnée aux rentes, aux profits rapides et factices, à la distribution de revenus fictifs sous forme de dividendes ou d'aides sociales financés par la dette, aux idées séduisantes et fausses. Les intérêts privés ont évincé toute préoccupation pour le bien commun. La plupart des entreprises ont privilégié la recherche de profits immédiats sur l'investissement et l'innovation. La démocratie a été corrompue, basculant dans la démagogie et le populisme avec, pour symbole, la présidence de Donald Trump qui a sapé tant l'héritage des Pères fondateurs que les fondements de la puissance américaine.

En guise de stratégie globale pour défendre la liberté politique, le nationalisme le plus étroit s'est généralisé et les États-Unis ont entrepris de démanteler l'ordre international et le système multilatéral, fondés en 1945 et inspirés par les principes de l'Occident. En bref, comme dans les années 1930, alors que les risques économiques, technologiques et stratégiques s'accumulaient, les démocraties se sont divisées et ont systématiquement ruiné les possibilités d'élaborer des réponses communes face aux menaces qui pèsent sur elles.

L'épidémie de Covid-19 est la crise de trop ; mais elle marque aussi l'espoir d'un sursaut. Elle est sans précédent par sa soudaineté, sa violence et son caractère universel. Contrairement aux attentats de 2001 ou au krach de 2008, c'est là un événement qui frappe tous les hommes, toutes les entreprises, toutes les nations, tous les continents. C'est aussi un fléau qui s'inscrit dans la durée et se poursuivra, de variant en variant, tant que la vaccination d'une majorité de l'humanité ne permettra pas d'obtenir l'immunité collective, et dont les séquelles se prolongeront. C'est enfin un choc multiforme et complexe puisque la crise est à la fois sanitaire, économique, humanitaire, politique, et stratégique. La pandémie illustre ainsi les risques globaux propres à l'histoire universelle du XXIe siècle, en même temps que l'incapacité de la majorité des nations à les anticiper et à les gérer.

La pandémie jette une lumière crue sur la vulnérabilité des démocraties, sur les conceptions viciées sur lesquelles elles se sont reposées depuis la chute de l'Union soviétique, sur leurs contradictions et leurs divisions.

Elle a brutalement souligné – à l'exception de l'Allemagne, de la Corée du Sud, de la Nouvelle-Zélande, de la Suisse ou de Taïwan – leur faible résilience aux chocs, comme la déficience inattendue de leurs politiques et de leurs systèmes de santé – domaines dans lesquels elles étaient réputées exceller. Elle a dévoilé et exacerbé la fragilité des sociétés libres, écartelées par les inégalités, déchirées par les haines sociales et les conflits identitaires, divisées par la polarisation des opinions. Elle les a enfermées dans une logique de la peur, qui libère la violence, sape l'État de droit, mine la confiance dans les institutions et les dirigeants.

La croyance naïve dans un monde d'après, purifié par le virus, relève de la même illusion que celle qui animait les mouvements millénaristes du Moyen Âge au temps de la peste noire. Mais le pari sur un retour à la normale et au monde d'avant, grâce à la découverte d'un vaccin, est plus dangereux encore. Toutes les grandes épidémies ont non seulement transformé le modèle économique et les structures sociales, mais elles ont provoqué des changements fondamentaux dans les mentalités et dans l'équilibre des puissances. La Covid-19 ne fera pas exception.

La décennie 2020 sera donc décisive et verra se nouer le cours du siècle, dont l'épidémie de Covid-19 est la matrice. Le choix qui s'ouvre est très clair : soit, sous couvert de la mythologie du monde d'après, nous nous abandonnons à la démagogie et à la lâcheté, laissant les démocratures, les fanatiques et les populistes écrire l'histoire du XXIe siècle ; soit nous réinventons la liberté, ce qui implique d'imaginer un autre contrat social et politique, mais aussi de faire émerger une nouvelle norme de capitalisme et de donner des institutions et des règles à la mondialisation.

Le cardinal de Retz rappelait dans ses *Mémoires* (1675-1677) qu'« il n'y a rien dans le monde qui n'ait son moment décisif, et le chef-d'œuvre de la bonne conduite est de connaître et de prendre ce moment. Si l'on le manque, surtout dans la révolution des États, l'on court fortune ou de ne le pas retrouver, ou de ne le pas apercevoir ». La redoutable épreuve que constitue l'épidémie de Covid-19 ouvre aussi une chance de réaliser à chaud, sous la pression d'une crise inédite par son caractère universel et sa violence, les changements qui auraient dû accompagner l'après-guerre froide ou les profondes réformes qu'appelait le krach de 2008. Cette chance très cher payée ne doit pas être écartée.

Le destin de l'Occident se confond avec la double aventure de la raison et de la liberté. Cette terrible épidémie peut être l'occasion de nous réconcilier avec ces valeurs fondamentales, en les interprétant, comme à la fin du XIXe siècle quand l'intégration de la classe ouvrière permit de désarmer le risque révolutionnaire, ou en 1945 quand la garantie du plein-emploi et la création des États providence renouvelèrent le pacte économique, social et politique.

La démocratie et le capitalisme, l'Europe et la France sont à reconstruire. Il nous faut impérativement apprendre de la pandémie pour affronter les prochaines crises. L'heure n'est plus à la déploration, à la diversion ou à la démission, mais à l'action. Nations,

États, entreprises, citoyens, tous doivent se remettre en question. Cinq principes doivent nous guider dans ce travail : l'anticipation et l'élaboration de stratégies de long terme, qui passent par un travail permanent d'identification des risques et de planification ; la résilience, c'est-à-dire la capacité à assurer la continuité de la vie nationale en toutes circonstances ; la réactivité et la souplesse d'adaptation ; l'autonomie de décision et de mise en œuvre opérationnelle ; la coopération, c'est-à-dire l'aptitude à faire travailler étroitement ensemble État et société, secteurs public et privé, mais aussi les nations libres unies par les mêmes valeurs et pleinement conscientes de leur communauté de destin. Tel est l'immense défi qui se présente à nous et qu'il nous faut relever. Ici et maintenant.

1

L'épidémie de Covid-19, matrice du XXIe siècle

« L'homme est aussi un microbe têtu. »

Jean Giono,
Le Hussard sur le toit (1951)

Stefan Zweig, dans *Le Monde d'hier* (1942), analyse le basculement du monde en 1914 en ces termes : « Si je cherche une formule commode qui résume l'époque antérieure à la Première Guerre mondiale dans laquelle j'ai été élevé, j'espère avoir trouvé la plus expressive en disant : c'était l'âge d'or de la sécurité. » La crise du coronavirus marque de même, pour les citoyens des démocraties, la fin de l'illusion cultivée depuis la chute de l'Union soviétique d'un âge d'or de la sécurité. Elle n'est pas seulement sanitaire mais systémique, mettant en cause le capitalisme mondialisé, la désintégration des sociétés développées, l'insuffisance des capacités de gestion des crises par les gouvernements, l'effondrement de la gouvernance mondiale.

La pandémie, risque par excellence à l'âge de l'histoire universelle

L'épidémie de Covid-19 est un événement-monde, dans la même acception que Fernand Braudel utilisait pour désigner les villes-mondes qui ont structuré l'histoire du capitalisme. Plus encore que les attentats djihadistes de 2001 contre les États-Unis ou le krach de 2008, elle est exemplaire des chocs du XXIe siècle. Elle en constitue la matrice comme la Première Guerre mondiale fut celle de la lutte à mort entre la démocratie et les idéologies totalitaires. Elle est en effet véritablement universelle, n'épargnant aucun des 197 pays, ni aucun des peuples que compte la planète, alors que l'effondrement du crédit avait essentiellement frappé le monde développé. Elle est complexe, sanitaire mais aussi économique, sociale, politique, stratégique, et même humanitaire dans nombre de pays émergents. Elle est d'une rare violence, entraînant des dommages inégalés depuis les guerres mondiales du siècle des idéologies.

À ce jour, la pandémie a déjà fait officiellement près de 4,5 millions de morts, et vraisemblablement plus du double si l'on tient compte de la sous-estimation des victimes dans le monde émergent. Ce bilan, même corrigé, peut paraître mesuré à l'aune des épidémies du passé, et notamment de la grippe espagnole dont on estime qu'elle tua entre 50 et 100 millions de personnes, soit 2,5 à 5 % de l'humanité, de 1918 à 1919. Il n'en reste pas moins dévastateur, notamment aux

États-Unis, qui ont enregistré plus de 600 000 décès, mais aussi au Brésil et en Inde qui comptent, chacun, officiellement plus de 550 000 et 400 000 morts, et, dans la réalité, beaucoup plus. L'espérance de vie a chuté en 2020 de 3,8 ans en Afrique du Sud, de 2,2 ans en Russie, de 1,5 an aux États-Unis, de 1,3 an au Brésil et au Royaume-Uni, entre 0,2 et 0,6 an en Europe.

La richesse mondiale a été amputée de 4,2 % contre 0,4 % en 2009. Les pertes consolidées devraient s'élever à 22 000 milliards de dollars entre 2020 et 2025. Durant la seule année 2020, la mobilisation maximale de la politique économique a entraîné une hausse de 24 000 milliards de dollars des dettes publiques. Cela n'a pas empêché la destruction de 150 millions d'emplois à temps plein en 2020, et de 100 millions en 2021. Simultanément, 1,6 milliard de travailleurs de l'économie informelle ont perdu la majeure partie de leurs ressources et 150 millions de personnes ont basculé dans la grande pauvreté, disposant de moins de 1,90 dollar par jour. Des dizaines de millions d'enfants ont été déscolarisés – dont un grand nombre pour travailler afin d'aider leurs familles à survivre –, et de très nombreux étudiants ont vu leur cursus et leurs perspectives d'entrée sur le marché du travail suspendus, laissant craindre une génération perdue – dite des « *pandemials* ».

Les effets à moyen terme ne sont pas tous connus, mais seront considérables. Les grandes épidémies s'étendent sur une durée beaucoup plus longue qu'un krach boursier. Le confinement à répétition de la moitié de l'humanité laisse de terribles séquelles sur le plan de la santé physique et psychique. Le nombre des naissances s'est effondré de 10 à 15 %, comme durant l'épidémie de grippe espagnole, accélérant le vieillissement. Les mégalopoles orgueilleuses qui structuraient la mondialisation ont été durement touchées, jusqu'à connaître l'exode d'une partie de leur population. Les chaînes de valeur de l'économie mondialisée ont été profondément affectées et devront se réordonner selon un modèle différent, plus robuste et moins dépendant de la Chine. Certains secteurs d'activité, tel le transport aérien, ont vu leur activité chuter de 80 % et ne retrouveront pas leur niveau d'activité avant 2024 ou 2025 ; d'autres, comme le tourisme culturel de masse, seront confrontés à la nécessité de changer radicalement de mode de développement. Les dettes publiques se sont envolées avec les interventions publiques, passant de 109 à 137 % du PIB dans le monde développé.

L'épidémie se distingue aussi par sa nature inédite et par les nombreuses surprises qu'elle a réservées. Plus de 4,8 milliards d'hommes ont été confinés durant l'année 2020, ce qui paraissait inimaginable. Au plan sanitaire, les pays occidentaux se révèlent les plus touchés - comptant six des dix premières nations par le nombre de victimes, dont cinq européennes - alors que leurs systèmes de soins étaient réputés les meilleurs du monde. La récession est aussi singulière car elle a été déclenchée non par les dysfonctionnements internes du capitalisme, mais par les mesures sanitaires arrêtées par les gouvernements. Elle touche principalement les services, dont l'activité a chuté de 4,5 % en 2020, alors que la finance et l'industrie sont habituellement plus sensibles aux chocs et aux fluctuations de la conjoncture. Enfin, aux antipodes de la coopération maximale des États que semblait appeler la pandémie, les tensions internationales se sont accusées, débouchant sur une compétition ouverte pour produire et acquérir masques, tests, ventilateurs, puis vaccins.

La Covid-19, insaisissable et dévastatrice

En dépit de la mobilisation de la communauté scientifique et des dizaines de milliards de dollars investis dans la recherche depuis le début de l'année 2020, les incertitudes entourant le virus restent très nombreuses, comme le montre la multiplication des variants - à l'image du Delta qui ravage les pays où la couverture vaccinale reste limitée -, et les connaissances lacunaires, ce qui limite la possibilité de prévenir de futures catastrophes. Les zones d'incertitude portent à la fois sur la naissance et le développement de la Covid-19, sur les modes de transmission et la contagion, sur la nature et la durée de l'immunité, sur la faculté de mutation qui constitue l'une des caractéristiques les plus dangereuses des coronavirus. Les raisons pour lesquelles certaines populations ont été relativement épargnées ou certains pays protégés dans un premier temps avant d'être frappés de plein fouet par les vagues ultérieures, restent incomprises. Les séquelles de la maladie, notamment pour les Covid longs, s'avèrent beaucoup plus lourdes qu'anticipé, notamment sur le plan neurologique et mental : un tiers des patients hospitalisés continuent à souffrir de troubles psychiatriques après leur guérison.

L'origine de l'épidémie reste inconnue. Loin de faire la lumière sur sa source, la mission de l'Organisation mondiale de la santé (OMS) a davantage révélé la compromission de cette organisation avec la Chine, que fait progresser la science. Elle a conclu que la transmission à l'homme par l'intermédiaire d'un animal infecté est « probable à très probable » et exclu l'hypothèse d'un accident dans l'Institut de virologie de Wuhan – où a été séquencé le coronavirus de chauve-souris RaTG13 et dont le génome est pourtant similaire à celui du Sars-Cov-2 –, sans même l'avoir étudiée. Ses recherches, effectuées sous la surveillance vigilante des autorités de Pékin, ne reposent pas sur les données brutes, auxquelles elle n'a pas eu accès, mais sur les analyses des seuls scientifiques chinois. Et ses tardives réserves sur l'attitude de la Chine ne sauraient excuser sa défaillance et surtout son biais idéologique.

Cet audit tronqué, qui ne peut en aucun cas tenir lieu d'enquête indépendante, s'inscrit en effet dans la continuité du mur d'opacité entretenu par les autorités chinoises sur les dysfonctionnements qui ont conduit à la pandémie, mais aussi des défaillances de l'OMS sous l'autorité de son directeur général, l'Éthiopien Tedros Adhanom Ghebreyesus, homme lige de Pékin qui l'a fait élire en 2017. L'organisation a en effet acté la déclaration tardive de la maladie par la Chine, le 31 décembre 2019, alors que les premiers cas étaient connus dès novembre.

Elle a rendu des conclusions très prudentes sur l'éventualité d'une transmission humaine, lors de son inspection à Wuhan, les 20 et 21 janvier. Elle n'a déclaré la pandémie que le 11 mars 2020, en dépit des alertes des experts dès la fin janvier. Elle a multiplié les déclarations louangeuses sur le traitement de l'épidémie par la Chine et critiqué les pays fermant leurs frontières avec elle.

La faillite de l'OMS est d'autant plus choquante qu'elle a été créée en 1948 avec pour mission première de lutter contre les épidémies et les crises sanitaires et qu'elle dispose pour cela de pouvoirs juridiquement contraignants vis-à-vis des 194 États qui siègent en son sein. Or elle n'en a pas usé vis-à-vis de la Chine face à la Covid-19, contrairement à ce qui avait été le cas dans le passé. Depuis sa création, l'OMS a en effet réussi à éradiquer la variole et à diminuer fortement la prévalence de la fièvre jaune, de la peste et de la poliomyélite. Elle joua aussi un rôle majeur dans le cantonnement de l'épidémie de Sras, en 2003 : sous la direction énergique de la Norvégienne Gro Harlem Brundtland, elle contraignit alors Pékin à s'ouvrir aux experts, puis à mettre en place et financer les mesures sanitaires qui permirent de limiter la diffusion du virus à la Chine et à sa périphérie immédiate. À la suite de cette alerte, en 2005, les règles sanitaires internationales furent renforcées, notamment par l'affirmation des principes de transparence, de diligence dans l'information et le traitement des épidémies, de respect des droits individuels en matière de santé.

La crise de l'OMS est emblématique de la déliquescence du système multilatéral et des dangers qui en résultent, pour les démocraties comme pour la stabilité du monde. Le retrait désordonné des États-Unis a laissé les organisations internationales à la merci de la Chine, laquelle s'en sert comme d'un levier pour promouvoir son modèle total-capitaliste. Pékin a conduit en parallèle la montée en puissance de son économie, le développement de son influence au sein du monde émergent – notamment en Afrique, où l'Éthiopie lui sert de tête de pont – et la prise de contrôle du système onusien. L'OMS est ainsi passée sous contrôle de la Chine, en même temps que Pékin s'imposait comme l'usine pharmaceutique du monde, fort d'un quasi-monopole dans la production des principes actifs des médicaments.

La Covid-19, jusqu'à la découverte des vaccins, n'a cessé de déjouer les mesures sanitaires censées l'endiguer, sauf dans certains pays d'Asie, qui ont réussi à cumuler anticipation précoce de la catastrophe par l'État, mobilisation du système de soins et de l'industrie biomédicale, recours massifs aux technologies de l'information, et très forte discipline collective de la population. Ces démocraties, à l'image de Taïwan, de la Corée du Sud ou de la Nouvelle-Zélande, ont réussi à mettre en place et à appliquer efficacement une « stratégie zéro Covid », fondée sur le principe « tester, tracer, isoler, soigner ». Ailleurs, la pandémie a échappé à tout contrôle, résistant aux confinements à répétition. Elle a touché tous les continents par vagues successives, avant de donner naissance à une myriade de variants.

En Occident, les systèmes de soins ont été saturés, faute de capacité à tester, tracer et isoler les malades, mais aussi à cause du déni dans lequel se sont enfermés dans un premier temps les dirigeants populistes, comme Donald Trump ou Boris Johnson. L'Europe du Sud, dont la France, a été très fortement touchée, tandis que l'Union se fragmentait, peinant à coordonner les mesures sanitaires, le régime des déplacements et la gestion des frontières intérieures – lesquelles ont été reprises en main par les États dans le plus grand désordre. Les grands pays émergents, à l'exception de la Chine, ont également payé un tribut très lourd à l'épidémie, notamment au Brésil, en Inde, en Russie, en Turquie ou en Iran où le déni a longtemps dominé. Et les pays les plus touchés sont ceux où l'existence même de l'épidémie a été mise en doute et érigée en enjeu politique, à l'image des États-Unis de Donald Trump, du Brésil de Jair Bolsonaro ou de l'Inde de Narendra Modi.

Une nouvelle donne est cependant apparue avec la découverte des vaccins, qui sont les seuls antidotes à la Covid-19 en l'absence de traitement. Leur mise au point, leur homologation, leur production et leur distribution furent l'occasion d'un spectaculaire retournement, permettant aux États-Unis et au Royaume-Uni de reprendre le contrôle de la situation sanitaire. L'Union européenne a dans un premier temps accumulé les retards et s'est trouvée contrainte de reconfiner massivement, sous la pression des variants, retardant sa reprise. Au prix d'une prise de risque politique et financière maximale et grâce à la puissance de leur industrie et de leur recherche, l'Amérique et l'Angleterre ont renversé la situation, vaccinant la majorité de la population dès le printemps 2021.

La décision européenne de coordonner les achats de vaccins pour éviter de renouveler la compétition suicidaire du printemps 2020 pour l'acquisition de masques, de tests ou de respirateurs, est parfaitement rationnelle. Elle a malheureusement connu des débuts catastrophiques, du fait de l'absence de culture et d'expérience de gestion de crise de la Commission. Sans analyser les risques – chaque semaine de retard dans la campagne de vaccination coûtant plus de 20 milliards d'euros à l'Union –, sans tenir compte des problèmes de production et de logistique, elle s'est engagée dans une longue négociation des prix, du partage des responsabilités, de l'interdiction de recueillir les données personnelles, qui a débouché sur une pénurie dévastatrice. Les procédures ont à l'origine pris le pas sur l'urgence. Au départ, les contrats étaient bien à Bruxelles, mais les vaccins étaient à Washington, à Londres et à Jérusalem. Puis l'Union s'est réveillée en supervisant directement, sous l'autorité de Thierry Breton, la production et la distribution des vaccins, jusqu'à dépasser les États-Unis au cours de l'été 2021.

Du virus comme surprise stratégique

Rarement un événement aussi prévisible aura été aussi peu et mal anticipé. Les alertes n'avaient cependant pas manqué, avec les épidémies de Sras en 2003, la grippe H1N1 en 2009, le Mers en 2012 ou le virus Ebola depuis 2014, qui furent contenus *in extremis* en Asie, au Moyen-Orient ou en Afrique de l'Ouest. Les risques de pandémie et leurs conséquences avaient été, à raison, pointés tant, en France, par le *Livre blanc sur la défense et la sécurité nationale* de 2008 que, dans le monde, par le rapport de la CIA de 2009 sur l'horizon 2025 ou par la Banque mondiale en 2012. Médecins et épidémiologistes s'accordaient sur la nature du risque le plus probable : un virus à ARN d'origine zoonotique, issu des mégalopoles du monde en développement, associant surpeuplement, présence d'animaux sauvages et diminution des espaces naturels ; un virus doté d'une grande plasticité génétique, fortement contagieux et à transmission respiratoire.

Pourtant, ces avertissements ont été délibérément ignorés, sauf en Asie. Or, le retard et la confusion dans l'action des autorités publiques n'ont rien d'inédit pour les démocraties occidentales. Ils étaient déjà présents lors des frappes du 11 septembre 2001, du krach de 2008 ou de la vague d'attentats islamistes des années 2010. Et ce, pour la même raison : la nature même de la démocratie, régime qui réagit aux crises plus qu'elle ne les anticipe, mais aussi le refus d'analyser et de tenir compte des risques à moyen terme et dont la gestion supposait des mesures coûteuses et impopulaires que les dirigeants ne voulaient pas assumer.

Seules ont su se mettre en ordre de marche les démocraties d'Asie, qui avaient été directement exposées au Sras. Elles ont réussi à limiter fortement le nombre de victimes lors des premières vagues, tout en évitant le confinement généralisé de la population en développant une organisation politique et sanitaire de gestion du risque épidémique, en constituant des stocks stratégiques de matériel médical et d'équipements de protection, en investissant massivement dans les technologies et l'utilisation des données de santé pour pouvoir effectuer des tests ciblés et isoler les malades. À l'inverse, en dehors de l'Allemagne et de certains pays d'Europe du Nord, la plupart des démocraties ont oscillé entre le déni - avec des conséquences catastrophiques aux États-Unis, où le bilan dépasse 600 000 morts - et la panique. Le monde émergent, pour sa part, n'a eu d'autre choix que de subir, compte tenu de la faiblesse des infrastructures hospitalières, particulièrement dans le domaine de la réanimation, et de la capacité limitée de recourir aux instruments budgétaires et monétaires.

Des surprises positives sont aussi apparues. La mobilisation de la communauté scientifique et des laboratoires pharmaceutiques a permis de découvrir et de fabriquer une large palette de vaccins contre la Covid-19 en moins d'un an, ce qui reste un exploit sans précédent. L'engagement des soignants a permis de suppléer en partie aux failles béantes des systèmes hospitaliers. Les entreprises dont l'activité n'était pas fermée ont fait preuve d'une résilience, d'une flexibilité et d'une réactivité exceptionnelles, en basculant sans préavis dans le télétravail. Les infrastructures numériques ont tenu, en dépit de l'explosion des activités digitales et de la multiplication des cyberattaques. Les chaînes de valeur et le commerce maritime ont résisté à la montée des tensions internationales. Les systèmes de paiement, contrairement à 2008, n'ont connu aucune interruption. Mais cette résistance même, qui fut le fait de la mobilisation et de l'imagination des hommes plus que d'une gestion active et prévisionnelle des risques, a mis en lumière la vulnérabilité du système mondial, et plus encore celle des nations libres.

* *
*

Avec l'épidémie de Covid-19, les hommes du XXIe siècle sont pleinement entrés dans l'âge de l'histoire universelle. L'Occident et ses 800 millions d'habitants a perdu le contrôle de la planète, qui vit désormais au rythme de 7,8 milliards d'hommes.

L'urgence commande de se préparer aux prochains chocs afin d'éviter de les subir et de se retrouver plongé dans l'inconnu, comme au printemps 2020. Aujourd'hui, il existe au moins 1,7 million de virus non analysés et présents chez les mammifères et les oiseaux, dont la moitié aurait la capacité d'infecter les êtres humains et de franchir la barrière des espèces. Le réchauffement climatique pourrait obliger à recourir à des mesures de confinement afin d'assurer la continuité de la vie. L'arrêt des réseaux numériques, soit pour des raisons de saturation, soit à la suite d'attaques, serait de nature à provoquer l'effondrement des économies et des sociétés développées.

Or les pandémies, le réchauffement climatique, les grands risques industriels et cybernétiques, les crises financières, la propagation de la violence ne peuvent plus être maîtrisés par les États, y compris par les superpuissances que sont les États-Unis et la Chine ; ils imposent une coopération internationale renforcée, notamment à travers la refonte des institutions multilatérales qui doivent prendre en compte la multipolarité du monde et la montée en puissance des pays émergents. Mais la dynamique politique et stratégique joue dans le sens opposé. Les forces de fragmentation et de divergence qui sont nées avec l'essor du djihadisme, l'apparition des démocratures, puis le krach de 2008 sont exacerbées par l'épidémie de Covid-19, mettant la liberté politique en grand danger.

L'épidémie de coronavirus constitue un basculement historique en même temps qu'un ultime avertissement. Le choix des hommes et des nations devra s'effectuer entre deux modèles autour de la liberté politique, dont la contestation s'appuiera désormais sur des raisons sanitaires, outre le désir d'égalité, du besoin de sécurité ou de l'urgence climatique. Ou bien la Chine réussit à utiliser la crise pour démontrer que seul le modèle autoritaire peut répondre aux enjeux globaux du XXIe siècle ; ou bien les démocraties se ressaisissent pour définir un nouvel équilibre entre État et marché, liberté et sécurité, résilience des nations et construction d'un ordre international.

2

Pandémie universelle, stratégies nationales

> « L'État national est trop grand pour gérer les petites choses et trop petit pour gérer les grandes choses. »
>
> Daniel Bell, *La Fin de l'idéologie* (1960)

La pandémie est par nature un choc universel, qui appelle des réponses coordonnées des nations tant dans le domaine sanitaire et scientifique que dans le domaine économique. Mais elle diffuse aussi une spirale de la peur qui incite chaque individu, chaque communauté, chaque État à se protéger et à se replier sur lui-même. Par ailleurs, elle met en compétition les pays, les systèmes sanitaires, les appareils de production, les institutions de recherche, en fonction de leur efficacité dans la gestion du choc, en fonction de leurs performances pour mettre au point vaccins et traitements, en fonction de leur capacité de rebond, de leur aptitude à corriger leurs erreurs et à tirer les leçons des failles apparues.

L'épidémie est à la fois une secousse planétaire et une machine à fragmenter les économies, polariser les sociétés, exacerber les tensions internationales. Elle fait ainsi émerger une nouvelle hiérarchie entre les individus, les entreprises et les États. Elle reconfigure le système mondial, en bouleversant les chaînes de valeur et en accélérant une nouvelle division de la planète autour de la guerre froide qui oppose les États-Unis et la Chine – guerre froide qui s'affirme comme la principale continuité entre les administrations de Donald Trump et de Joe Biden.

En 2008, le krach de la mondialisation et l'effondrement du crédit touchèrent principalement les pays développés. Ils furent endigués par le sauvetage des banques qui mobilisa plus de 5 000 milliards de dollars et par le lancement d'un plan de relance keynésien à l'échelle de la planète, auquel la Chine participa à hauteur de 40 % de son PIB. L'articulation étroite des politiques budgétaire et monétaire aux États-Unis, ainsi que la coordination des États au sein du G20 permirent de stabiliser le système financier et d'impulser la relance dès 2009. La zone euro fit exception, qui ajouta au choc mondial une crise régionale en raison de la stratégie absurde de la hausse des taux, en 2008 et 2011, poursuivie par la Banque centrale européenne (BCE) sous l'autorité de Jean-Claude Trichet, et du choix prématuré de retour à l'équilibre budgétaire. La dramatique restructuration financière de la Grèce, qui reste la plus coûteuse et la plus inefficace de l'histoire du capitalisme, en fut le prix. Il fallut attendre la nomination de Mario Draghi, le recours aux stratégies d'assouplissement quantitatif du crédit et le desserrement de la contrainte budgétaire, pour que la reprise se dessine dans la zone euro à compter du début de 2015.

Les séquelles de ce choc dans le monde développé furent durables et commençaient à peine à être surmontées en 2020 : emballement de l'économie de bulles, à la suite de l'afflux de liquidités ; explosion des dettes publiques et privées ; sous-emploi permanent et chômage de masse ; paupérisation et déstabilisation des classes moyennes. Elles provoquèrent dans les démocraties, à partir de 2016, une vague populiste portée par la dénonciation de l'impuissance des gouvernements et de la corruption des élites, d'une part, par l'exaltation de l'État, du protectionnisme et du nationalisme, d'autre part.

Chacun pour soi, et la Covid pour tous

L'épidémie de Covid-19 est le deuxième choc majeur sur le système mondial, en moins de douze ans. Son origine n'est pas à chercher dans un dérèglement du capitalisme, mais dans les mesures de confinement, de restriction des activités et de limitation de la mobilité prises par les pouvoirs publics. La mobilisation de la politique économique a été bien plus puissante et rapide encore qu'en 2008, puisque quelque 30 000 milliards de dollars ont été engagés pour garantir le chiffre d'affaires des entreprises et les revenus des ménages, afin de compenser les conséquences des mesures sanitaires de confinement ou de fermeture de certains secteurs d'activité.

Politiques budgétaire et monétaire ont été étroitement coordonnées sur tous les continents, y compris en Europe. Les États-Unis, tétanisés sur le plan sanitaire jusqu'à la découverte des vaccins, ont vigoureusement réagi au niveau économique, en cumulant les plans de relance, qui porteront sur 14 % du PIB en 2021, un programme d'investissement de 2 250 milliards de dollars pour moderniser les infrastructures et financer la transition écologique, un autre pour aider les familles défavorisées et renforcer l'éducation à hauteur de 1 800 milliards de dollars, et un soutien de la Réserve fédérale des États-Unis (Fed) à hauteur de 4 000 milliards de dollars. L'Europe s'est mobilisée beaucoup plus rapidement qu'en 2009, en articulant plans de relance nationaux, soutien européen inédit de 750 milliards d'euros financé par l'emprunt, injection de liquidités par la BCE à hauteur de 1 100 milliards d'euros par des achats de titres et de 1 310 milliards d'euros par l'abondement de la liquidité bancaire.

Mais, si tous les instruments de la politique économique ont été mis en œuvre au niveau des États, la coordination internationale a tragiquement fait défaut. Sur la question sanitaire, chaque pays a adopté, le plus souvent *in extremis*, des mesures de confinement, de restrictions d'activité, de fermeture des frontières, sans aucune concertation, y compris au sein de l'Union européenne, alors que la Commission est en principe en charge des échanges et de la circulation des personnes. Pis, les démocraties, en dépit des traités d'alliance qui les lient, se sont livrées à une concurrence féroce pour obtenir de la Chine des livraisons de masques, de tests et de ventilateurs dès le printemps 2020. Enfin, les pays les plus pauvres furent livrés à eux-mêmes, alors qu'ils ne disposaient ni des ressources budgétaires, ni de l'expertise monétaire, ni des capacités industrielles et scientifiques pour lutter contre l'épidémie et ses conséquences, ce qui s'est traduit par une sévère crise humanitaire, notamment en Afrique, en Asie du Sud et en Amérique latine.

La même rivalité est apparue entre les démocraties occidentales à propos des vaccins, notamment pour les livraisons d'AstraZeneca, et entre l'Union européenne et le Royaume-Uni, qui a fait le pari d'administrer en priorité une première dose à la plus grande partie de sa population. L'épidémie a ainsi donné naissance à un protectionnisme sanitaire fondé non plus sur les quotas ou les tarifs douaniers pour importations, mais sur l'interdiction des exportations. Dans le même temps, les démocratures comme la Chine ou la Russie ont mis en place une diplomatie sanitaire redoutablement efficace, notamment vis-à-vis des pays émergents, en leur livrant - même de manière symbolique - masques, matériel médical et vaccins. Et ce, tandis que les démocraties occidentales, tétanisées par la perte de contrôle de la situation sanitaire, se déchiraient. Ainsi, pour la première fois depuis 1945, les États-Unis de Donald Trump ont disparu de la scène internationale au cœur d'une crise majeure.

Au plan économique, de même, les mesures budgétaires et monétaires n'ont pas fait l'objet de coordination au sein du G20, même si les banques centrales ont veillé à éviter toute rupture dans les paiements mondiaux. L'évidence s'est vite imposée que la reprise serait aussi forte qu'inégale, bénéficiant en priorité aux pays les plus précoces dans la mise en place des campagnes de vaccination. Après l'Asie portée par la Chine, qui compte parmi les très rares puissances à avoir enregistré une croissance positive de 2,1 % en 2020, une course de vitesse s'est engagée au sein du monde occidental. Elle est dominée par les États-Unis, qui ont fait très tôt le pari de la vaccination et qui ont su articuler mesures d'urgence et relance, avec pour objectif de retrouver au plus vite le niveau de PIB de fin 2019. L'Union européenne paie, pour sa part, les retards dans la campagne de vaccination, dans la mise en œuvre de son plan de relance, et surtout dans le rétablissement de la libre circulation des citoyens au sein de l'espace Schengen.

Au plan géopolitique, les tensions ont explosé. Alors que la pandémie menace l'ensemble de l'humanité et qu'elle ne peut trouver de solution que par l'acquisition d'une immunité à l'échelle de la planète, la confrontation l'a emporté sur la coopération. Face à l'ampleur du désastre sanitaire, l'administration Trump a vigoureusement mis en cause – non sans fondement – la responsabilité de la Chine dans l'origine du fléau, compte tenu du retard et de l'opacité entretenus sur la nature et la chronologie des événements intervenus à Wuhan – berceau de la pandémie. La collaboration scientifique a rapidement tourné à la compétition ouverte pour la mise au point, l'homologation et la fabrication des vaccins. Les démocratures chinoise et russe n'ont pas hésité à multiplier les cyberattaques contre les hôpitaux des démocraties, au pic des vagues de malades, contre les laboratoires pharmaceutiques et contre les autorités de santé, tout en diffusant une désinformation systématique sur les réseaux sociaux, afin de nourrir les théories complotistes et les mouvements populistes.

Gagnants et perdants

Alors qu'elle aurait pu mobiliser les énergies autour d'une lutte commune contre le virus, l'épidémie a donc amplifié la décomposition de ce qui restait d'ordre mondial et exacerbé les conflits. Ce faisant, elle a aussi accéléré l'émergence d'une nouvelle donne et modifié la hiérarchie des individus, des entreprises, des nations et des continents, en opérant un tri impitoyable entre gagnants et perdants, selon des lignes de clivage très différentes du krach de 2008.

Pour les individus et les catégories sociales, les détenteurs de contrats et de revenus stables, les fonctionnaires, les propriétaires d'actifs et de patrimoine ont bénéficié du choc. Le déversement de liquidités par les banques centrales - dont seul un quart a été converti en consommation, tandis que le reste était épargné ou investi sur les marchés - a provoqué une envolée des actions, notamment dans le secteur de la technologie, qui a directement profité aux entrepreneurs et aux personnes possédant un portefeuille boursier. En 2020, le S&P 500 a ainsi gagné 17,8 %, le Nasdaq, 43,6 % et le CSI 300 chinois, 22,2 %. Mais, dans le même temps, les travailleurs indépendants, les commerçants et artisans, les restaurateurs et les hôteliers, les artistes, les jeunes, les précaires, et plus encore les travailleurs de l'économie informelle qui ont perdu les deux tiers de leurs maigres revenus, ont payé un très lourd tribut à l'épidémie. Il en résulte une explosion des inégalités.

Les plus riches ont non seulement conforté leurs ressources et vu augmenter leur patrimoine, mais ils ont préservé qualité de la vie et liberté de mouvement. Les plus défavorisés ont été appauvris, tout en étant touchés de plein fouet par les mesures de confinement. De véritables crises humanitaires sont apparues dans le monde émergent, où les travailleurs migrants ont été contraints de regagner leurs villages et où des dizaines de millions d'enfants ont dû abandonner leur scolarité pour travailler, afin de contribuer à nourrir leurs familles. Les femmes et les jeunes ont été particulièrement atteints, de même que les travailleurs les moins qualifiés, pris en tenailles entre la récession, d'une part, l'accélération de la numérisation et de la robotisation, d'autre part.

Le même grand écart s'observe pour les entreprises. Le développement de certains secteurs s'est formidablement accéléré, à l'image du numérique, de la santé, de la distribution ou de la gestion d'actifs. Les technologies digitales ont gagné au moins une décennie dans leur déploiement, avec le basculement vers le cyber de pans entiers de la consommation, de la production, du travail, des politiques publiques. Et ce, pour le meilleur, avec l'avènement de la télémédecine ou pour le pire, avec la mise en place de la société de surveillance chinoise, où les données concernant l'identité, la santé et les déplacements sont transmises, croisées et exploitées en temps réel par l'État-parti. À l'inverse, le transport aérien a connu une année noire, en voyant disparaître 80 % de son activité ; l'automobile est en berne, prise en étau entre la pandémie et une indispensable transition écologique ; le tourisme, l'hôtellerie et la restauration, l'événementiel et la culture sont sinistrés. Le rebond sera rapide pour certaines activités, comme la restauration ou le tourisme de proximité, mais les séquelles seront durables pour le transport aérien ou la culture – dont l'équilibre était déjà fragile.

D'un continent et d'un pays à l'autre, les différences sont également immenses. L'Asie constitue le principal bénéficiaire de l'épidémie, tirée paradoxalement par la Chine qui fut à son origine. Elle a dégagé une croissance positive en 2020, après avoir réussi à mettre rapidement sous contrôle le virus grâce à des mesures drastiques de suivi et d'isolement des malades mises en œuvre grâce à son totalitarisme numérique. Elle a profité pleinement de la puissance de son industrie pour approvisionner au prix fort le monde en masques, en tests, en ventilateurs et en matériel médical de toute nature, ce qui a dopé ses exportations et provoqué le doublement du surplus de sa balance courante. Son redémarrage précoce la place ainsi en position de force pour tirer parti de la relance, avec une croissance qui s'approche des 10 % en 2021. Pour autant, ce rebond est adossé non pas à la consommation intérieure qui reste atone, si grandes sont les incertitudes et l'inquiétude des Chinois concernant leur avenir, mais à la demande extérieure. Or, l'économie chinoise se referme, avec sa reprise en main par le Parti communiste piloté par Xi Jinping. Par ailleurs, l'expansionnisme de Pékin et son mépris pour les droits de l'homme, notamment l'enfermement de la minorité Ouïgour, suscitent de plus en plus la peur et le rejet, entraînant la multiplication des sanctions internationales. Huawei en est le symbole, qui a dû recentrer son développement sur le marché intérieur, à la suite des mesures américaines arrêtées par l'administration Trump et maintenues par Joe Biden.

L'Asie-Pacifique, forte de l'expérience des épidémies passées, a, d'une manière générale, réagi avec vigueur et efficacité. Quatre facteurs se sont révélés décisifs pour maîtriser le choc : la qualité de la gouvernance et la réactivité des États, qui ont pris d'emblée la mesure du péril, recouru très tôt à la fermeture des frontières, défini et appliqué strictement la stratégie du « tester, tracer, isoler et soigner » ; la puissance de l'industrie et de la recherche, notamment dans le secteur de la santé ; la diffusion des technologies de l'information et leur appropriation par la population ; enfin, le civisme, la discipline collective et la cohésion sociale. Contrairement à un préjugé tenace, notamment en Europe, ce n'est pas la nature autoritaire des régimes qui explique la remarquable résilience des nations d'Asie-Pacifique. Elles ont conjugué l'efficacité pour enrayer l'épidémie, avec un respect strict de l'État de droit et des libertés publiques, ainsi qu'une poursuite du débat public et un maintien du calendrier électoral très supérieurs à ce qui est intervenu en Europe, et tout particulièrement en France.

Les États-Unis figurent aussi parmi les vainqueurs improbables. Ils affichent certes le plus grand nombre de victimes et ont totalement failli à endiguer les vagues successives du virus. Mais ils ont montré, comme souvent dans leur histoire, une égale capacité à commettre des erreurs majeures et à les corriger. La vitalité de l'économie américaine et la puissance de ses acteurs numériques ont tout d'abord permis de limiter la récession en 2020, à 3,5 % du PIB. L'Amérique a ensuite pu s'appuyer sur la réussite de la campagne de vaccination, servie par la priorité que lui a accordée Donald Trump dès décembre 2020, et par la logistique hors pair de son armée qui a organisé, en collaboration avec les autorités de santé, la production et la distribution des doses de sérum. Avec, pour résultat, de vacciner 30 % de la population dès le début du mois d'avril 2021, ce qui a accéléré la réouverture de l'économie et dynamisé l'activité. Simultanément, les plans de relance décidés par Donald Trump et Joe Biden ont injecté 14 % du PIB de soutien budgétaire, auxquels s'ajoutent les programmes d'investissement dans les infrastructures, la transition énergétique et l'éducation.

Les États-Unis connaîtront ainsi, en 2021, au prix d'un déficit public de 15 % du PIB, une croissance historique de 7 % du PIB, qui leur permettra de retrouver leur niveau de richesse de fin 2019 et de renouer avec le plein-emploi, sur fond de reprise de l'inflation. Même si la première puissance économique du monde acquitte un prix démesuré à l'épidémie, alors qu'elle consacrait, en 2018, 17 % de son PIB à la santé, les États-Unis ont fait la preuve de leur capacité de rebond et de leur volonté de contester à la Chine le leadership du XXIe siècle. Sous l'autorité de Joe Biden, ils entendent articuler la réunification de leur nation et leur retour sur la scène internationale.

Le rétablissement *in extremis* des États-Unis n'en fait pas moins de l'Occident le grand perdant face à l'Asie, pour avoir égaré les fondements de ce qui assura sa maîtrise de l'histoire du monde, depuis la fin du XVe siècle, à savoir son ouverture au monde extérieur, sa culture de la connaissance et du risque, ainsi que son avance technologique. Au sein de l'Occident, l'Europe demeure le continent le plus touché par l'épidémie, comme par la récession.

Les nations européennes, à l'exception de l'Allemagne, ont été dépassées par ce choc qu'elles n'ont pas anticipé et qui les a tétanisées. Sous l'effet de la panique, elles se sont désunies, multipliant les mesures nationales et contradictoires en matière de règles sanitaires, de restrictions d'activité, de contrôle des frontières, d'aides d'urgence, puis de plans de relance. Et ce, de manière constante au fil des variants successifs qui ont déferlé sur le continent. L'Union a multiplié les retards lorsqu'elle s'est vu confier des responsabilités importantes de gestion de crise. La campagne de vaccination, confiée à la Commission en juin 2020, a bien failli tourner au fiasco du fait de la lenteur et de la rigidité des négociations conduites avec les laboratoires pharmaceutiques. Le deuxième recul fut celui du plan de relance européen : sous-calibré car ne portant que sur 5 % de l'Union sur quatre ans, tardif car fondé pour l'essentiel sur des versements échelonnés entre 2022 et 2024, il accumula les délais, notamment du fait de la Cour constitutionnelle fédérale de Karlsruhe qui suspendit son examen par le Bundestag. Enfin, l'Union n'est jamais parvenue à assurer une coordination minimale pour les règles de déplacement entre les États membres, qui comptent pourtant parmi ses principales compétences. Le transport aérien en fut la première victime qui ne fonctionnait au début de 2021 qu'à 10 % de ses capacités en Europe, contre plus de 50 % aux États-Unis et 90 % en Chine.

Au total, l'Union européenne, affaiblie, divisée, disloquée par l'écart qui se creuse entre pays du nord et du sud, pourrait rater la reprise, tout comme en 2009. Après le krach de la mondialisation, ce furent la politique monétaire inadaptée de la BCE et la volonté de l'Allemagne de forcer un retour rapide vers l'équilibre budgétaire qui provoquèrent la crise de l'euro. Un nouvel échec de l'Europe pour s'arrimer à la reprise aurait un coût économique et social démesuré pour les nations comme pour les peuples. Si l'Union devait définitivement dilapider la chance exceptionnelle qui lui est offerte de démontrer son utilité auprès des citoyens européens, et faire la preuve de son incapacité à répondre aux risques et aux chocs du XXIe siècle, elle mettrait clairement en danger sa raison d'être.

S'ouvrirait alors, dans la continuité du Brexit, une crise majeure mettant en cause la pérennité de l'intégration du continent.

Parmi les grands perdants figurent aussi les principaux pays émergents, à l'exception de la Chine. Face à la première vague du coronavirus, ils ont bénéficié de deux atouts relatifs : la jeunesse de leur population – les plus de soixante-cinq ans ne représentent que 4 % de la population en Afrique, contre 11 % en Chine, 16 % aux États-Unis et 20 % en Europe – et l'expérience chèrement acquise par la population au cours des récentes épidémies, qu'il s'agisse du Sras et du Mers en Asie et au Moyen-Orient, de Zika en Amérique latine ou d'Ebola en Afrique.

Ces fragiles défenses ont malheureusement été emportées par la pandémie. En s'installant dans la durée, elle a souligné les handicaps structurels que constituent le sous-dimensionnement et la médiocrité des systèmes de santé, la faiblesse des États, la dépendance de l'étranger pour la fourniture des biens essentiels. Les mesures sanitaires, confinements ou couvre-feux, se sont révélées très difficiles à faire respecter, notamment dans les bidonvilles où la survie des habitants dépend de leur travail quotidien dans le secteur informel. Le ralentissement mondial de l'activité a été amplifié par la chute du prix des matières premières et par l'arrêt du tourisme, pourtant vital pour des pays comme le Brésil, le Mexique ou la Thaïlande.

Les pays émergents ne disposaient pas davantage des moyens budgétaires et monétaires pour soutenir le revenu des ménages, qui a chuté de plus de 20 % en 2020, et le chiffre d'affaires des entreprises. Leur dette a néanmoins progressé de 50 à 67 % du PIB ; elle est le plus souvent souscrite à l'extérieur, ce qui les place de fait à la merci de la hausse du dollar et des taux d'intérêt. Une crise humanitaire liée au basculement de millions de travailleurs de l'économie informelle dans la grande pauvreté s'est ainsi ajoutée au choc sanitaire et à la récession économique. Puis la reprise a été minée par la pénurie de vaccins et la violente poussée d'inflation. Au total, la dynamique de l'émergence portée par la mondialisation, qui avait permis de réduire d'un tiers l'écart avec les pays développés depuis la fin du XXe siècle, a été durablement enrayée, laissant craindre une nouvelle décennie perdue pour le développement.

Relativement épargnés par le krach de 2008, les géants du Sud ont subi de plein fouet l'épidémie de Covid-19, amplifiée par les errements des dirigeants populistes. Le Brésil connaît une véritable descente aux enfers, qui menace de le transformer en nouveau Venezuela. Le désastre y est d'abord sanitaire : il est, après les États-Unis, le deuxième pays le plus touché, en raison du déni dans lequel s'est enfermé Jair Bolsonaro, qui a refusé toute mesure sanitaire et freiné la campagne de vaccination. L'épidémie est sortie de tout contrôle, faisant du Brésil un foyer de variants très agressifs qui, selon l'OMS, menacent toute l'Amérique latine et pourraient interdire la maîtrise de la pandémie au niveau mondial. Le pays se trouve au bord de l'effondrement sur le plan économique et social. La récession a atteint

4,1 % en 2020 et se poursuit, entraînant une hausse du chômage et de l'inflation, qui dépasse 5,2 % par mois. Les travailleurs du secteur informel qui emploie 40 % de la population active ne doivent leur survie qu'aux aides sociales qui ont fait bondir le déficit et la dette publics jusqu'à, respectivement, 13,7 % et 100 % du PIB.

La démocratie est prise en tenailles par les populismes. D'un côté, Jair Bolsonaro, qui a lancé une purge du haut commandement militaire, s'inspire de son mentor Donald Trump en organisant méthodiquement le chaos en vue de l'élection présidentielle de 2022, laissant planer la menace d'un coup d'État en cas de défaite. De l'autre, les procédures de destitution se multiplient en vain, sur fond de discrédit de la justice et de retour de Luiz Inácio Lula da Silva comme candidat potentiel de l'opposition. La situation du Brésil est d'autant plus inquiétante qu'il représente 60 % de l'économie de l'Amérique latine, qui cumule une épidémie qu'elle ne parvient pas à maîtriser, une récession profonde – culminant en Argentine avec une chute de l'activité de 10,5 % en 2020 –, une dérive populiste qui emporte le Brésil mais aussi le Pérou, l'Équateur et la Bolivie – s'ajoutant au basculement du Venezuela dans le chaos et la violence.

L'Inde affronte de son côté une véritable tempête et traverse la pire crise depuis son indépendance. Elle figure parmi les pays comptant le plus grand nombre de morts, alors même que le nombre des victimes de la Covid-19 est notoirement sous-estimé. L'activité a plongé de 10,5 % en 2020, ce qui a provoqué une explosion du chômage qui frappe 27 % des actifs et prive de ressources 140 millions de travailleurs migrants. Simultanément, la dette publique s'est envolée jusqu'à 90 % du PIB. Le projet de réforme agraire a provoqué une jacquerie des paysans, qui ont assiégé les grandes métropoles. Enfin, les tensions avec la Chine se sont brutalement aggravées, débouchant sur une confrontation ouverte dans le Ladakh, où plus de 100 000 soldats se font face.

La situation de la Russie est trompeuse. En apparence, l'épidémie est contenue avec environ 160 000 morts et un retour à une vie normale, sans contraintes sanitaires, confinements ou autres couvre-feux. La récession a de même été officiellement limitée à 3,6 % du PIB et tous les secteurs d'activité sont ouverts, des restaurants aux salles de spectacle en passant par les magasins. L'épidémie a mis en valeur la permanence de certains pôles d'excellence russes, avec la mise au point rapide du vaccin Spoutnik V, dont la production demeure cependant très complexe et difficile à maîtriser.

La réalité, comme toujours en Russie, est tout autre. La surmortalité a dépassé 500 000 décès en 2020, achevant de ruiner la démographie. L'économie reste dépendante de la rente des hydrocarbures, condamnée à terme. D'où la dérive autocratique et impérialiste de la démocrature dirigée par Vladimir Poutine qui se traduit par l'organisation de son possible maintien au pouvoir jusqu'en 2036, la mise en scène du calvaire d'Alexeï Navalny dans l'enfer du goulag, la relance des tensions avec l'Ukraine et la nouvelle escalade militaire au Donbass.

C'est également à tort que la Turquie se prétend épargnée par la crise. Le chiffre officiel de 50 000 morts est sous-évalué de moitié. Elle fait certes partie des très rares pays à avoir enregistré une croissance positive de 1,8 % en 2020. Mais au prix d'une politique insoutenable, fondée sur la hausse de 25 % de la dette des ménages en trois mois et sur un déficit de la balance courante de 5 % du PIB. La récession n'a été que différée et amputera la richesse nationale de 4 à 5 % en 2021, sur fond d'un chômage touchant 17,4 % de la population active en dépit de l'interdiction des licenciements et d'une inflation sortie de tout contrôle à 16 %. Recep Tayyip Erdoğan a donné le coup de grâce à l'économie turque en limogeant, le 19 mars, Naci Ağbal, gouverneur de la banque centrale, moins de cinq mois après sa nomination. Avec, pour résultat, le plongeon de la livre turque qui a perdu le tiers de sa valeur, l'effondrement de la bourse et la fuite massive des capitaux. La Turquie, qui doit lever 200 milliards de dollars sur les marchés alors que ses réserves de change sont négatives, est en réalité en défaut de paiement.

La situation est tout aussi dégradée sur le plan diplomatique, où la Turquie se trouve totalement isolée après la multiplication de ses coups de force militaires en Syrie, en Irak, en Libye, au Haut-Karabagh et en Méditerranée orientale. Depuis l'élection de Joe Biden, Recep Tayyip Erdoğan ne bénéficie plus de la complaisance des États-Unis. Sa relation avec la Russie de Vladimir Poutine est dans l'impasse, du fait de leur confrontation en Syrie et dans le Caucase. Il est marginalisé au sein du monde arabo-musulman où les Frères musulmans sont discrédités. Au total, Recep Tayyip Erdoğan est très fragilisé par la crise économique et financière, la paupérisation des classes moyennes, la révolte de la jeunesse. Et l'élection présidentielle de 2023, qu'il entendait placer sous le signe de la révision du traité de Lausanne, pourrait marquer la fin de son emprise sur la vie politique turque.

* *
*

Nul ne sort indemne de la pandémie. Le système mondial est fragilisé par la nouvelle guerre froide qui se dessine entre les États-Unis et la Chine, par la reconfiguration de la mondialisation, par la montée du protectionnisme et des nationalismes, par l'émergence de la violence et la disparition des institutions et des règles qui tentaient de l'encadrer. Les États et les nations ont été télescopés par un choc d'une violence et d'une complexité inouïes, qui a mis à rude épreuve leurs institutions et leur capacité de réaction. Les sociétés ont été brutalisées et les individus atomisés.

Mais si tous ont été touchés par la crise, tous n'en sortent pas au même moment et dans le même état. Le monde qui émerge n'est pas seulement plus dur et plus dangereux ; il est aussi très différent. De même que la Seconde Guerre mondiale avait mis en évidence l'effondrement de l'Europe, l'épidémie de Covid-19 a mis en lumière le déclassement de l'Occident, tant sur le plan matériel que sur le plan spirituel. Au sein de l'Occident, l'Europe apparaît particulièrement vulnérable quand les États-Unis témoignent, sous l'autorité de Joe Biden, de leur volonté de se redresser et d'endiguer l'expansion de la Chine. Enfin, au sein de l'Europe, la France se trouve en très grande difficulté et déclassée face à une Allemagne surpuissante.

3

Le Juin-1940 sanitaire et économique de la France

La Covid-19 a été le révélateur impitoyable du déclassement de la France, qui cumule trois crises. 1/ Une faillite de la santé publique avec plus de 110 000 morts ; une incapacité persistante à tracer, isoler et soigner ; un démarrage calamiteux de la campagne de vaccination. 2/ L'une des pires récessions du monde développé, avec une chute du PIB de 8,3 % en 2020, un chômage de masse et une dette publique de 118 % du PIB. 3/ Un effondrement de l'ordre public, qui va de pair avec un krach des libertés individuelles.

Les Français, qui se pensaient protégés par l'État, qui absorbait 56 % du PIB avant l'épidémie et 61 % depuis, sont passés de la sidération à la colère. Quatre illusions se sont envolées : la conviction que le système de santé figurait parmi les meilleurs du monde ; la certitude d'être un pays développé maîtrisant les hautes technologies ; la foi dans l'État pour gérer les crises et sauvegarder la Nation en toutes circonstances ; l'existence d'un équilibre de puissance avec l'Allemagne. Il en résulte une immense défiance envers les institutions et les dirigeants, qui s'exprime dans la protestation contre le pass sanitaire et qui menace désormais la démocratie.

La France est loin d'être la seule démocratie occidentale à avoir cultivé le déni face aux dérives de la mondialisation, à la dépendance croissante vis-à-vis de la Chine pour les biens essentiels, au capitalisme de bulles. La distribution de revenus ou de dividendes fictifs, l'impasse sur la sécurité, la paralysie des institutions représentatives, le nationalisme à courte vue et l'abandon à la tentation populiste ont été très largement partagés, y compris aux États-Unis et au Royaume-Uni.

Pour autant, la situation de la France reste spécifique à deux titres : la perte simultanée de contrôle de l'épidémie, du pilotage de l'économie et de l'ordre public ; le cumul de l'incapacité à répondre aux chocs et aux risques du XXIe siècle avec les séquelles de quatre décennies de décrochage.

La croissance potentielle et les gains de productivité sont devenus pratiquement nuls. Le plein-emploi n'a jamais été rétabli depuis le milieu des années 1970, alors que la dette publique était multipliée par six en quarante ans. L'État est obèse et impotent, ses fonctions régaliennes étant cannibalisées par les transferts sociaux. La nation est en lambeaux, minée par le communautarisme et le terrorisme islamiste, la haine de classe et la montée de la violence qui ont éclaté au grand jour avec le mouvement des Gilets jaunes, les grèves contre le projet de la réforme des retraites, puis les manifestations antivax.

Les conséquences du déclassement français ne se limitent pas au territoire national. Elles touchent aussi l'Europe, où l'Allemagne exerce désormais seule le leadership de l'Union. Un véritable fossé sépare aujourd'hui les deux pays. L'Europe a créé une Union et une monnaie, mais elles sont partagées par deux ensembles de pays dont la divergence s'emballe. Au plan économique, ce grand écart menace la pérennité de l'euro. Au plan politique, il ouvre de vastes espaces et de grands espoirs aux démagogues, tout en discréditant la promotion de l'Europe comme puissance, qui constitue l'un des axes majeurs et justes de la diplomatie française.

La perte de contrôle des crises sanitaire, économique et sécuritaire

Face à l'épidémie de Covid-19, les erreurs se sont enchaînées, jetant une lumière crue sur la faillite de l'État pour assumer sa mission première, qui consiste à assurer la protection des citoyens. L'État n'a pas anticipé la première vague de l'épidémie et a ignoré toutes les alertes venues d'Asie, puis d'Italie. Il est resté inerte face à la pénurie de gel hydroalcoolique, de masques - dont il avait démantelé les stocks stratégiques -, et de lits de réanimation - dont seule la mobilisation des équipes hospitalières a permis de doubler le nombre. Il a patiné dans l'organisation de la campagne de vaccination. Il a longtemps différé la création d'un passeport sanitaire, seul à même de permettre la relance du tourisme, de l'hôtellerie et de la restauration, de la culture, du sport et de l'événementiel qui constituent autant de pôles d'excellence de notre pays. Il a été rattrapé par la délocalisation de l'industrie et de la recherche biomédicale, qu'il n'a cessé d'encourager par une politique de répression tarifaire et par la mise en place d'un carcan réglementaire et bureaucratique. Il a enfin subi de plein fouet le retard accumulé dans le domaine des technologies numériques.

Le seul choix qui s'est offert a donc été le confinement général, puis partiel de la population. La mise à l'arrêt de la vie nationale n'a pas empêché un très lourd bilan humain, avec des dizaines de milliers de victimes et des séquelles psychologiques qui seront très longues à se résorber, notamment pour les plus déshérités, les précaires et les jeunes. La fermeture de pans entiers de l'économie a contraint l'État à réassurer les ménages en garantissant le versement des rémunérations de la fonction publique et des salariés – à l'exclusion des travailleurs indépendants et des entrepreneurs –, ainsi que le financement des entreprises. Cette absurde intervention généralisée de l'État, « quoi qu'il en coûte », s'est traduite par une envolée de la dette publique, encouragée par l'illusion qu'elle était gratuite et ne serait jamais remboursée. Et ce, alors que la dette de l'État n'est rien d'autre que celle des citoyens et qu'elle devra naturellement être honorée, sauf à mettre la France en défaut, ce qui ferait basculer la majorité de la classe moyenne dans la pauvreté et provoquerait l'éclatement de l'euro.

Les coûts des confinements successifs ont ainsi été gigantesques et largement sous-estimés. Ils sont d'abord sanitaires et humains, puisque les pathologies autres que le coronavirus ont cessé d'être prises en charge et que les désordres psychosociaux se sont accumulés, provoquant un doublement des dépressions et une forte hausse des suicides. Sous l'illusion que la dette publique pourvoira à tout, pointe une débâcle économique et sociale, avec une chute de l'activité, une montée du chômage, une envolée des déficits et de la dette sans précédent depuis la Seconde Guerre mondiale. La pauvreté et les inégalités ont explosé, qu'il s'agisse de revenus et de patrimoine, d'éducation ou de santé. Pire, l'épidémie a achevé de corrompre notre démocratie et de porter atteinte à nos libertés. Hantés par la peur des procédures judicaires, les dirigeants politiques ont abdiqué leur responsabilité au profit des bureaucraties d'État, d'improbables instances scientifiques, de conseils citoyens, voire de consultants privés. Les politiques ont prétendu faire de la médecine et les médecins de la politique, alors qu'ils n'en ont ni la compétence ni la légitimité.

La débâcle s'est poursuivie avec l'absence de vaccin français, puis avec les retards et le chaos qui ont présidé aux débuts de la campagne de vaccination, au pays de Louis Pasteur. Et ce, alors que la mise au point en moins d'un an de plusieurs vaccins remarquablement efficaces et sûrs constitue un exploit scientifique sans précédent et que la vaccination demeure le seul antidote à la Covid-19, en l'absence de traitement.

Les États-Unis ont, à l'inverse, confié au Department of Defense l'opération Warp Speed qui, en étroite coopération avec les agences fédérales et les entreprises pharmaceutiques, a produit et distribué plus de 100 millions de doses, et traité 72 millions d'Américains dès février 2021. Le Royaume-Uni a mobilisé et formé toutes les catégories de professionnels de santé, ainsi que des bénévoles, ce qui a permis de vacciner très rapidement sa population et d'affronter l'apparition des variants indiens. Israël a réussi à vacciner 92 % de ses 9,2 millions de citoyens dès la fin février 2021. La France, pour sa part, est le seul membre permanent du Conseil de sécurité dont les entreprises de santé n'ont pas réussi à développer un vaccin efficace contre la Covid-19 avant la fin 2021, et dont la campagne de vaccination a été marquée par des dysfonctionnements en cascade.

Ce krach de la santé publique est le révélateur de l'effondrement de l'État dans notre pays, en dehors de deux exceptions : la perception des recettes fiscales et sociales et la dépense publique ; les armées qui demeurent le seul service public à avoir conservé le sens de sa mission et la préoccupation de son efficacité opérationnelle.

L'épidémie de Covid-19 confirme ainsi qu'il n'est pas de redressement possible de la France sans une transformation radicale de l'État, pour le remettre au service de la nation et des citoyens. En le recentrant sur la gestion des chocs et des risques propres au XXIe siècle et sur sa mission première, qui est la garantie de la sécurité des Français et la continuité de la vie nationale. En le réorganisant autour de l'effectivité et de la qualité des services rendus à la population, et non de la production de normes. En le mettant sous tension pour améliorer sa productivité et maîtriser ses dépenses, tout en les redéployant vers l'investissement. En l'ouvrant vers les élus et la société civile et en faisant le pari de la décentralisation, car l'on n'administre bien que de près. Dans *Mélanges de littérature et de politique* (1829), Benjamin

Constant affirmait « quant aux pouvoirs de l'État, ils doivent être inexistants hors de sa sphère et ils ne sont jamais trop puissants dans sa sphère » : ce devrait être le grand débat de l'élection présidentielle de 2022.

La France diminuée et surendettée

La crise économique déclenchée par l'épidémie de Covid-19 a pour particularité d'avoir touché de plein fouet les services. Elle constitue une épreuve terrible et singulière pour la France, dont les secteurs d'excellence ont été dévastés : l'aéronautique ; l'automobile ; le tourisme, la restauration et l'hôtellerie ; la culture et les loisirs. Les activités directement touchées représentent 10 % du PIB. Leur amputation privera durablement la France de 2 à 3 % de sa richesse, déstabilisant les services et affaiblissant sa position internationale, comme le montre la chute continue des exportations et l'explosion du déficit commercial. La production industrielle plafonne ainsi à un niveau inférieur de 5 % à son étiage d'avant crise, en raison des pénuries de matières premières et de main d'œuvre. Dans le même temps, le déficit commercial se creuse avec la poursuite des pertes de parts de marché dans la zone euro et les effets négatifs du Brexit.

En application du mantra « quoi qu'il en coûte », la France a engagé 424 milliards d'euros de dépenses publiques supplémentaires pour les années 2020 à 2022. Il en résulte une envolée de la dette publique qui a atteint 2 739,2 milliards d'euros à fin mars 2021, soit 118,2 % du PIB ou encore 41 000 euros pour chaque

Français. Cette dégradation des finances publiques sans précédent en période de paix est présentée comme une adaptation efficace au nouveau cours de la politique économique dans les pays développés, fondé sur le renouveau des interventions de l'État, ainsi que le financement illimité des déficits par les banques centrales. Il n'en est rien : l'épidémie de Covid-19 ne marque pas une rupture, mais l'emballement d'un modèle économique et social insoutenable fondé sur l'endettement.

Sous les illusions entretenues autour de l'argent public illimité et gratuit ou de l'affirmation dénuée de sens que la « dette Covid » n'aurait pas à être remboursée par les Français, pointe une réalité beaucoup plus dure et inquiétante. La France affichera en 2024 le plus important déficit de la zone euro et ne parviendra pas à le ramener à 3 % au cours de la décennie, cela demanderait en effet, dès lors que toute hausse des impôts est exclue compte tenu de leur niveau record, une baisse effective des dépenses publiques qu'aucun gouvernement n'a été capable de réaliser depuis un demi siècle. Dès lors, la dette devrait tendre vers 130, voire 140 % du PIB à la fin de la décennie.

L'état actuel des finances publiques prive non seulement la France de toute marge de manœuvre pour répondre à un nouveau choc, mais constitue également un risque systémique pour la zone euro. Le niveau absolu de la dette est en effet moins important que sa soutenabilité. Elle suppose que les taux d'intérêt restent inférieurs à la croissance nominale.

Or les propos lénifiants tenus par les banques centrales des pays développés ne peuvent masquer le retour de l'inflation. Elle atteindra plus de 5 % cette année aux États-Unis et comporte des éléments structurels, liés notamment à la hausse des salaires. La remontée des taux d'intérêt ne relève donc pas du risque, mais de la certitude.

Par ailleurs, la croissance potentielle reste inférieure à 1 % et la compétitivité de notre économie poursuit sa chute. Comme en 1981, la relance nourrit le déficit commercial, tandis que les parts de marché à l'exportation dans la zone euro ont diminué de 14,4 à 13,5 %. Les dépenses supplémentaires n'améliorent en rien la croissance car elles financent en priorité les charges de la fonction publique et les transferts sociaux, au lieu d'être investies dans les infrastructures et l'innovation, comme aux États-Unis ou en Chine. À preuve, le Ségur de la santé ou la réévaluation des rémunérations des enseignants n'ont été accompagnés d'aucune réforme pour inverser l'effondrement du système de soins et de l'éducation nationale. À preuve, le chômage partiel n'a été associé à aucune action de formation pour anticiper les reconversions rendues nécessaires par les destructions de postes de travail et continue à indemniser largement 2,7 millions de salariés, alors que l'économie française connaît une pénurie de travail qui entrave la relance.

La conclusion est sans appel. La France se dirige tout droit vers une situation comparable à celle de l'Italie, en 2011, prise en étau entre la remontée des taux, d'un côté, et la stagnation de l'activité et le chômage structurel, de l'autre. La solution ne pourra venir cette fois-ci de la BCE, compte tenu de l'exaspération croissante de l'Allemagne – réassureur ultime de la zone euro – et des pays du Nord face à la fuite en avant dans l'endettement de la France et à la violation systématique de ses engagements budgétaires depuis la création de l'euro. Or la crise financière sera inéluctable lorsque la BCE cessera d'acheter la totalité des émissions de titres de la dette française. Le déclassement de la France, pays du sud de l'Europe sous-compétitif, surendetté et paupérisé, est ainsi proche de devenir irréversible.

La société de la peur et de la violence

La rapidité et l'ampleur de la dégradation de la sécurité en France demeurent sous-estimées. Les menaces stratégiques renaissent. La mondialisation, loin d'être placée sous le signe de la paix perpétuelle de Kant, exacerbe les conflits entre puissances et les violences portées par les passions nationales et religieuses. Elle déplace le centre de gravité du monde de l'Occident vers l'Asie, le repli des États-Unis ouvrant de vastes espaces aux ambitions des nouveaux empires et aux fanatiques. Les risques planétaires se multiplient, liés au dérèglement climatique, aux technologies numériques, aux pandémies, aux mouvements migratoires. Au même moment, l'ordre de 1945 dont l'Union est l'héritière se désintègre avec la remise en cause des institutions et des règles mises en place pour endiguer ou limiter la violence. Le système international du XXIe siècle est privé de leadership stratégique et moral, par le repli des États-Unis, face à la montée des risques stratégiques et de la violence.

Dans ce monde incertain, dangereux et dépourvu de toute réassurance, la France se découvre particulièrement vulnérable. Elle a réussi à préserver un appareil militaire et une industrie de défense performants, qui constituent l'un de ses derniers pôles d'excellence. Elle peut s'appuyer sur la dissuasion nucléaire, sur un modèle complet d'armée, sur une culture stratégique, forgée au fil de quelque 120 opérations extérieures depuis la fin de la guerre d'Algérie. Mais notre pays se trouve surexposé et ses forces armées surengagées - à hauteur de plus de 30 000 soldats déployés en permanence - par rapport à leurs moyens, ce qui se traduit par une usure accélérée des hommes et des matériels. Après le désastre libyen, la fin de l'opération Barkhane au terme de huit ans d'engagement au Sahel souligne les dangers des interventions extérieures enlisées. Les incontestables succès tactiques obtenus par les troupes françaises ne peuvent masquer l'ampleur de l'échec stratégique puisque le djihadisme a gagné toute l'Afrique de l'Ouest, jusqu'au golfe de Guinée, et que les États de la région n'ont jamais été aussi affaiblis, comme le soulignent les coups d'État au Mali et au Tchad. Un double risque apparaît donc d'une armée de corps expéditionnaire, qui ne serait plus apte à affronter un combat de haute intensité, et d'un système militaire qui serait entraîné par la faillite d'un État incapable de gérer les crises et surendetté, par une industrie en voie d'extinction et une recherche dépassée.

Cette remontée des menaces militaires va de pair avec la progression de la délinquance intérieure, en constante progression depuis 2012 selon les statistiques du ministère de l'Intérieur. Les homicides ont poursuivi leur hausse en 2019, augmentant de 4 % – et ce, que l'on prenne en compte ou non les victimes d'attentats terroristes. La hausse est deux fois plus rapide – 8 % – pour les coups et blessures volontaires sur personnes – au nombre de 258 000. Au-delà des statistiques policières dont on sait qu'elles minorent la réalité, la violence gangrène tous les aspects de la vie sociale – des établissement scolaires aux mouvements sociaux, comme l'ont montré la révolte des Gilets jaunes ou les protestations contre la réforme des retraites, en passant par la multiplication des zones de non-droit où la seule loi qui s'applique est celle des trafiquants de drogue. La France, dont le tissu politique et social est déchiré, se trouve de plus en plus plongée dans un climat de guerre civile froide, où la peur entre les individus, les communautés et les groupes sociaux engendre la haine, et où la haine engendre la violence.

Dans le même temps, l'explosion de la délinquance et la multiplication des attentats islamistes ont déclenché une avalanche de projets et de propositions de lois rivalisant de mesures attentatoires aux libertés, sans apporter aucune amélioration en termes de sécurité. Or la démonstration a été faite depuis longtemps que la pénalisation à outrance, dictée par l'actualité, dégradait l'État de droit sans diminuer la violence. Terrorisme et pandémie justifient la banalisation des restrictions aux libertés. Mais ce n'est pas le droit qui empêche l'État d'agir, c'est son expansion illimitée qui le réduit à l'impuissance dans l'exercice de ses missions régaliennes.

La France, depuis plusieurs décennies, a sacrifié la sécurité et l'État régalien à son système de protection sociale qui absorbe 34 % du PIB. Or la sécurité reste la première condition de liberté et sa dégradation constitue le meilleur allié des populistes. La prise de conscience provoquée par l'épidémie de Covid-19, qui a remis la protection des citoyens et la résilience des nations au premier rang des priorités, devrait déboucher sur la définition et la mise en œuvre d'une stratégie de sécurité globale, mettant la restauration de l'ordre public au service des libertés et la modernisation de notre défense au service de la constitution d'une Union pour la sécurité, socle d'une Europe politique.

Le sacrifice des libertés

L'épidémie de Covid-19 déstabilise tout particulièrement les démocraties, car les mesures sanitaires, notamment le recours au confinement, portent atteinte aux libertés fondamentales, tandis que l'organisation des élections et le débat public se trouvent profondément perturbés. La France fait cependant exception par la concentration extrême des décisions entre les mains du président de la République, comme par l'ampleur des restrictions aux libertés. La Ve République, organisée autour du primat de l'État et de son chef, n'a jamais été un régime libéral. La présidentialisation et la centralisation du pouvoir n'ont cessé de s'amplifier. La pandémie marque cependant un tournant, en poussant à l'extrême la tentation étatique et autoritaire qui caractérise le quinquennat d'Emmanuel

Macron. L'absence d'anticipation de l'État, puis la perte de contrôle de la situation sanitaire, économique et sécuritaire ont provoqué un effet de sidération et de panique chez les dirigeants comme chez les Français, créant une quête frénétique de sécurité au détriment de la liberté.

Nombre de démocraties ont eu recours à des dispositions de temps de crise, à l'image de l'état d'urgence nationale en Italie ou de l'état d'alerte en Espagne. La France demeure cependant la seule à avoir créé, avec la loi d'urgence sanitaire du 23 mars 2020, un nouveau régime d'exception, qui s'ajoute à l'article 16 de la Constitution, à l'état de siège et à l'état d'urgence. Notre pays expérimente ainsi l'état d'urgence permanent, de 2015 à 2017 en raison du terrorisme, puis depuis 2020 en raison de la Covid-19.

L'état d'urgence sanitaire a autorisé l'exécutif, par simple décret, à restreindre ou supprimer les libertés, à mettre en place des mesures de quarantaine ou d'isolement, à réquisitionner tous biens et services, à contrôler les prix. Tous les pouvoirs sont en réalité transférés au président de la République, qui les exerce à travers le Conseil de défense sanitaire. La gestion de l'épidémie se trouve ainsi placée sous un cadre militaire et régie par le secret-défense, alors qu'elle relève du Conseil des ministres ou du conseil restreint. Le recours au Conseil de défense, qui s'inscrit dans le droit fil de la rhétorique guerrière, constitue un détournement de pouvoir. Il contribue à expliquer la faillite sanitaire de la France face aux vagues successives de l'épidémie : son fonctionnement interdit en effet d'associer aux décisions les élus, les entreprises et les citoyens – coopération qui se trouve, à l'inverse, au principe de la réussite du Corona-Kabinett, mis en place par Angela Merkel.

La concentration des décisions entre les mains du président est allée de pair avec le désarmement des contre-pouvoirs. Le Parlement s'est transformé en chambre d'enregistrement, sans jamais débattre au fond de l'état d'urgence sanitaire ni du plan de relance. De leur côté, les tribunaux se sont arrêtés durant trois mois, au printemps, avant de partir en vacances, ce qui n'a pas d'équivalent dans le monde développé. Les ultimes garde-fous en matière de libertés publiques proviennent désormais des juridictions et du droit européens.

Force est de constater que les démocraties qui ont le mieux répondu à la crise sanitaire et économique n'ont pas eu recours à des législations d'exception, ni suspendu les contre-pouvoirs, ni dégradé leur État de droit. Au prétexte de remédier à la faillite de l'État dans la lutte contre l'épidémie et la montée de la violence, la France s'est engagée dans une course à la limitation des libertés individuelles et à l'extension incontrôlée des pouvoirs de l'exécutif, qui pourrait prendre un tour tragique en cas d'arrivée à la tête de l'État d'un dirigeant populiste. Les instruments d'une démocratie illibérale se mettent en place dans l'indifférence générale ; il ne leur manque plus que d'être mis en action par un véritable autocrate.

La sécurité est la première des libertés, mais la remise en question des libertés individuelles n'améliore en rien la sécurité collective. Au lieu de prétendre donner des leçons de liberté d'expression au monde, nous serions mieux inspirés de restaurer l'État de droit. Benjamin

Franklin rappelait à juste titre que « un peuple prêt à sacrifier un peu de liberté pour un peu sécurité ne mérite ni l'une ni l'autre[1] ».

Le grand écart avec l'Allemagne

Les réalités économiques sont têtues. La France a subi une chute du PIB de 8,3 % en 2020, avec la perspective d'une croissance de 6 % en 2021. Le chômage touche plus de 8 % de la population active, alors que 2,7 millions de salariés demeurent portés par le chômage partiel. Le déficit commercial s'est élevé à 65,2 milliards d'euros et la dette publique s'est envolée de 98 à 118 % du PIB. Le surendettement de l'État explique le paradoxe de 2020, année de la pire récession depuis 1945 qui a vu le pouvoir d'achat augmenter de 0,3 %, les faillites chuter de plus du tiers, la hausse du chômage limitée à 300 000 personnes, alors que 800 000 emplois ont été détruits. L'Allemagne de son côté est parvenue à cantonner le recul de l'activité à 5 % du PIB et retrouvera le niveau d'avant crise dès la fin 2021. Elle reste en plein-emploi avec un taux de chômage de 4,5 %. Elle a réalisé un excédent commercial de 179 milliards et conserve la maîtrise de ses finances publiques, la dette passant de 58 à 70 % du PIB.

Les évolutions structurelles sont plus inquiétantes encore. Le risque d'un effondrement économique et social de la France est réel. Ses rares pôles d'excellence

1. Benjamin Franklin, « Lettre au gouverneur de Pennsylvanie, 1755 », *Memoirs of the Life and Writings of Benjamin Franklin*, H. Colburn, 1818.

ont été touchés de plein fouet par la crise, née de l'épidémie. La France sortira de celle-là amputée d'une partie de sa production et ne retrouvera pas son niveau de richesse avant 2022, au mieux. L'appauvrissement des ménages va de pair avec une forte montée des inégalités, la préservation des revenus des 15 millions de retraités et des 7 millions d'agents publics contrastant avec la paupérisation de pans entiers des travailleurs du secteur privé et des indépendants. Enfin, l'État verra sa dette poursuivre sa course folle, du fait de son incapacité à maîtriser ses dépenses et du rétrécissement de la base fiscale.

À l'inverse, l'Allemagne s'inscrit dans un cercle vertueux, la force de son industrie confortant l'emploi et assurant l'excédent de ses comptes extérieurs, comme la stabilité de ses finances. Elle s'appuie également sur la vigueur de sa recherche et de sa culture scientifiques. En témoignent la mise au point du premier vaccin contre la Covid-19 par la start-up BioNTech, créée à Mayence en 2008 par Ugur Sahin et Özlem Türeci, comme le prix Nobel de chimie 2020 attribué à Emmanuelle Charpentier – avec Jennifer Doudna – pour la découverte des « ciseaux génétiques » Crispr/Cas9. Et ce, alors que Sanofi-Pasteur, censé être l'un des leaders mondiaux du secteur, se trouve distancé dans la course à la vaccination contre le coronavirus. Et ce, alors qu'Emmanuelle Charpentier, qui dirige le centre de recherche Max-Planck de science des pathogènes à Berlin, n'aurait pas pu conduire ses recherches en France compte tenu du carcan bureaucratique et réglementaire, comme de l'hostilité à la science, qui dominent notre pays.

L'épidémie a également jeté une lumière crue sur l'inégale capacité des dirigeants, des institutions et des sociétés à réagir et à surmonter les chocs qui constituent la marque du XXIe siècle. En France, le niveau de défiance des citoyens envers leurs dirigeants est le plus élevé au sein des démocraties, comme le rappelle la mobilisation antivax. À l'inverse, l'Allemagne a repris confiance en elle-même grâce à sa gestion performante de l'épidémie, qui a fait la preuve de l'efficacité de ses institutions fédérales et de la cohésion de la nation. En dépit des manifestations violentes contre le port du masque, du renouveau du parti néonazi Der III. Weg ou des tentatives d'infiltration de la police et de l'armée par des militants radicaux, l'extrême droite est sur le recul. La société allemande conjugue vitalité et stabilité. L'Union est désormais hémiplégique. Elle se trouve écartelée entre une Allemagne surpuissante – sauf en matière militaire – et une France qui cumule un pouvoir autoritaire, isolé et coupé de la population, une économie et une société sinistrées, un ultime et fragile facteur de puissance lié à son système militaire.

Le couple formé par une Allemagne prospère et une France en voie de désintégration est totalement dépareillé. Après 1945, il avait uni une Allemagne géant économique et nain politique avec une France ayant rétabli sa puissance et adossée à une posture originale entre les blocs idéologiques de la guerre froide. Aujourd'hui, il voit divorcer un géant économique et politique d'avec un nain économique et politique. Le général de Gaulle avait pris garde de redresser l'économie, d'assainir les finances publiques et de mettre fin à la guerre d'Algérie, avant de lancer son grand dessein diplomatique d'une Europe allant de l'Atlantique à l'Oural. Il mesurait que la souveraineté et l'autonomie stratégique relèvent de la grande illusion si elles ne reposent pas sur une économie compétitive, des finances publiques en ordre, une forte cohésion sociale et nationale.

* *
*

Ainsi que le note Stefan Zweig, « dans la politique et dans la vie, les demi-mesures et les hypocrisies font toujours plus de mal que les décisions nettes et énergiques ». La France est entrée dans l'épidémie comme un pays intermédiaire, entre le nord et le sud de l'Europe ; elle en sortira comme un pays du Sud, dont la souveraineté sera limitée : un pays dépendant des États-Unis pour la technologie, de la Chine et de l'Asie pour la fourniture de la plupart de ses biens essentiels, des pays d'Europe du Nord et des marchés financiers pour son financement. La vie privée des Français, les libertés publiques, la survie de nos entreprises, de nos emplois et de nos revenus sont prises en otage par la faillite d'un État obèse et impuissant, qui se révèle tout aussi impréparé, incohérent et inefficace face à l'épidémie de Covid-19 que face au krach de la mondialisation ou au terrorisme islamiste.

Le pays n'a pas d'autre choix que d'emprunter, pour la deuxième fois en douze ans, 20 % de son PIB pour tenter de moderniser son économie et sa société. Il pourra aussi bénéficier du plan de relance européen, qui alloue

750 milliards d'euros, et acte une prise de conscience et une mobilisation salutaires de l'Union. Mais il s'agit de sa dernière chance. En 2008, le krach bancaire avait été bien géré, mais la sortie de crise ratée. En 2021, il faut la réussir alors que la gestion de l'épidémie est défaillante, que l'organisation de la campagne de vaccination est vacillante, que le plan de relance est bancal. Et ce, d'autant que la solidarité des pays du Nord de l'Union n'a de sens que si elle est mise au service du développement des pays du Sud, et non de la poursuite de leur chute, ce qui suppose qu'ils traitent leurs maux structurels. Pour la France, cela implique la transformation radicale de son modèle économique et social et la reconfiguration de l'État, devenu un démultiplicateur de risques.

Comme en 1945, la France se trouve donc confrontée à un choix cardinal : la reconduction des erreurs du passé – à travers l'étatisme, le protectionnisme et le malthusianisme au nom d'une conception régressive de l'écologie – ou le pari de la reconstruction. La débâcle sanitaire et économique doit servir d'électrochoc et favoriser une prise de conscience des dirigeants comme des citoyens. Aux premiers, il revient de faire la vérité sur l'instabilité du monde du XXIe siècle, la vulnérabilité du pays et les exigences du redressement, qui passe par la priorité donnée à la production, à la sécurité et à l'intégration. Aux seconds, il revient de se mobiliser et de se rassembler autour des changements indispensables au redressement de la France, qui conditionne aussi l'avenir de l'Europe face aux empires qui se disputent la domination du XXIe siècle.

4

Les révolutions en chaîne de la Covid-19

> « Les révolutions sortent, non d'un accident, mais de la nécessité. »
>
> Victor Hugo, *Les Misérables* (1862)

Les pandémies, par leur caractère universel et leur durée longue, sont des accélérateurs de l'histoire plus puissants encore que les grandes crises financières. Elles modifient les modèles économiques et la hiérarchie des entreprises, comme des puissances ; elles bouleversent durablement les modes de vie et les mentalités. Tout n'est pas changé, mais rien n'est plus comme avant. L'épidémie de Covid-19 n'échappe pas à la règle : le nombre des victimes, la saturation des systèmes de santé, l'ampleur de la récession ont légitimement focalisé l'attention, rejetant dans l'ombre les révolutions à l'œuvre. Pourtant, celles-ci sont immenses, qu'il s'agisse de l'accélération des grandes transformations en cours, de ruptures spectaculaires ou de la fin de la domination de l'Occident.

Accélérations

Avec le confinement de la moitié de l'humanité en 2020, nombre de prédictions tablaient sur une forte hausse de la natalité. Or l'épidémie a eu l'effet inverse, provoquant une chute de 15 à 20 % des naissances dans le monde développé. À l'inverse, la natalité a connu une augmentation dans certains pays intermédiaires, comme les Philippines, en raison de l'interruption de l'accès des femmes à la contraception. Le confinement s'est révélé une rude épreuve pour nombre de couples et de familles, laissant de lourdes séquelles. L'épidémie a par ailleurs instauré un climat d'incertitude radicale, d'anxiété et de peur de l'avenir qui a paralysé les projets, à commencer par l'agrandissement des familles. Elle pourrait ainsi déstabiliser durablement la démographie, en entraînant une nouvelle chute de la natalité et une amplification du vieillissement de la population des pays développés.

Autre confirmation, la reconfiguration de la mondialisation autour de grands pôles régionaux, alternant compétition, coopération et confrontation. Le cycle de la mondialisation libérale qui avait pris son essor au cours des deux dernières décennies du XXe siècle, porté par l'effondrement du soviétisme, s'est brisé sur la crise financière de 2008. En amplifiant brutalement la paupérisation des classes moyennes des pays développés, provoquée par le basculement de la production vers l'Asie et par la révolution numérique, cette crise a déclenché un choc politique majeur, réhabilitant le protectionnisme et le nationalisme. Ce choc s'est cristallisé autour de la vague populiste, qui a déferlé dans les démocraties occidentales à partir de 2016.

Le XXIe siècle reste placé sous le signe de l'histoire universelle. Le diagnostic d'une démondialisation inéluctable, asséné à chaque choc, est erroné. En dépit de la violence inouïe de la secousse, en dépit de la nouvelle guerre froide et du découplage économique entre les États-Unis et la Chine, les chaînes de valeur complexes ont résisté et montrent une étonnante flexibilité, y compris dans leur capacité à se recomposer. Loin de s'effondrer, le commerce maritime, qui assure 90 % du volume des échanges internationaux, s'est vivement redressé, avec une hausse du prix moyen du conteneur de 1 200 dollars en 2019, à 1 500 dollars en 2020 et près de 13 000 dollars en 2021. Les paiements mondiaux n'ont connu aucune interruption, contrairement à 2009, et les accords entre les banques centrales n'ont pas été touchés par l'exacerbation des conflits entre les grandes puissances. Les infrastructures numériques ont absorbé l'explosion des activités et des services digitaux, et n'ont pas connu de pannes majeures, en dépit de la multiplication des cyberattaques.

Ainsi la mondialisation se poursuit, mais en se transformant. Le cycle libéral fondé sur le primat des marchés sur les États, la disparition des frontières, la liberté des échanges de biens, de services et de capitaux, s'est refermé. Il a été emporté par une succession de chocs dévastateurs : le krach de 2008, la vague d'attentats islamistes, le renouveau des grandes migrations, enfin l'épidémie de Covid-19. L'heure n'est plus au libre-échange, mais au protectionnisme ; elle n'est plus au capitalisme entrepreneurial, mais au renouveau des interventions des États ; elle n'est plus à la diminution des dépenses publiques, mais à la hausse des impôts ; elle n'est plus à l'indépendance des banques centrales, mais à leur instrumentalisation pour financer de manière illimitée les déficits budgétaires. Le symbole en est donné, aux États-Unis, par le tournant effectué par Joe Biden avec son programme de relance de 1 900 milliards de dollars, auquel s'ajoutent le plan d'investissement de 2,250 milliards de dollars pour la modernisation des infrastructures et la transition écologique, ainsi que le programme de soutien pour les familles et la formation à hauteur de 1 800 milliards de dollars.

Sur le plan politique, s'affirme un renouveau de la souveraineté nationale et des frontières. Sur le plan économique, se dessine un changement de paradigme dont l'économiste américaine Stephanie Kelton[1] est la figure de proue et qui postule que le déficit et la dette publics peuvent être augmentés de manière illimitée pour obtenir le plein-emploi, à la seule condition d'éviter le retour de l'inflation. Ainsi la dette publique mondiale a été multipliée par 3,7 en vingt-cinq ans, en même temps que les intérêts chutaient de 3,3 à 1,5 % du produit de la planète, au prix cependant d'une forte hausse des défauts souverains – six États n'étant pas parvenus à régler les échéances de leurs emprunts au cours de la seule

1. Stephanie Kelton, *The Deficit Myth: Modern Monetary Theory and How to Build a Better Economy*, New York, Public Affairs, 2020.

année 2020. Sur le plan géopolitique, sont de retour la rivalité des États, la politique de puissance assumant le recours à la force armée, la compétition ouverte pour s'approprier les ressources rares et les espaces stratégiques - des mers aux pôles, en passant par la conquête spatiale et par le cybermonde.

L'épidémie de Covid-19 a également fait gagner plusieurs années à la révolution numérique. Les mesures sanitaires, à commencer par les confinements, ont fait exploser les ventes en ligne, le télétravail, l'enseignement à distance ou la télémédecine. Le commerce numérique représente désormais 31 % de la consommation en Chine - dont la moitié est contrôlée par Alibaba, ce qui a contribué à justifier sa rude reprise en main par les autorités chinoises. Par ailleurs, les technologies digitales se sont révélées décisives dans la mise en œuvre des stratégies de lutte contre le virus, dans le respect de l'État de droit en Corée du Sud ou à Taïwan dans le cadre de la surveillance numérique généralisée de la population en Chine, à partir notamment des systèmes de reconnaissance faciale. De même, le numérique a envahi les politiques publiques, de l'enseignement à la justice, en passant par les prélèvements fiscaux et sociaux, ou encore la monnaie avec l'ascension des devises virtuelles - avec, pour symbole, la flambée du bitcoin. Enfin, la robotisation a connu un formidable essor dans la production, car elle assure une parfaite sécurité sanitaire et les drones ont commencé à révolutionner la distribution.

La pandémie a donc donné un élan supplémentaire à la plus formidable révolution technologique de l'histoire, qui, en trente ans, a connecté la majorité des 7,8 milliards d'hommes de la planète. Mais elle a aussi souligné les déséquilibres et les dérives du secteur : la dépendance aux États-Unis et à la Chine, désormais engagés dans une féroce guerre technologique qui oblige entreprises et nations à choisir leur camp ; le péril que représente pour le capitalisme et la démocratie le pouvoir concentré par les Gafam aux États-Unis et par le bras digital du total-capitalisme chinois formé par Alibaba, Baidu, Huawei, ZTE et Tencent. D'où un tournant dans la régulation, qui a pris la forme de la réactivation du contrôle de la concurrence aux États-Unis, de l'expérimentation d'un cadre réglementaire complet en Europe, de la brutale mise au pas des géants numériques chinois par Xi Jinping, à l'image d'Alibaba, Didi et Tencent.

L'ultime coup d'accélérateur concerne la prise de conscience de l'impératif écologique. Il ne fait pas de doute que la multiplication des crises sanitaires et le regain des risques épidémiques découlent directement de la diminution des espaces naturels et de la concentration des hommes et des animaux dans les mégalopoles. Nul ne peut plus contester la dégradation des écosystèmes de la planète, ni les risques majeurs pour l'humanité qu'entraîne le réchauffement climatique. L'épidémie de Covid-19 a puissamment aiguisé les préoccupations écologiques, notamment auprès des consommateurs, qui ont redécouvert la valeur réelle des biens et des services de proximité, notamment pour l'alimentation. Les chaînes de valeur ont commencé à se restructurer et à se recentrer.

Surtout se sont affirmés deux mouvements décisifs pour la transition écologique : l'intégration par le marché de l'impératif écologique, avec, pour conséquence, le basculement des entreprises de la communication vers l'action ; la conversion de la Chine et des États-Unis, les deux principaux pollueurs du monde, à la lutte contre le réchauffement climatique. D'un côté, Xi Jinping a fixé l'objectif d'une décarbonation de l'économie à l'horizon 2060. De l'autre, sitôt élu, Joe Biden a lancé un plan d'investissement dans la transition écologique de l'économie américaine. Il est bien vrai que des étapes majeures restent à franchir, avec l'instauration d'un prix mondial du carbone ou la protection effective des biens communs de l'humanité, comme les océans, les forêts ou les pôles. Le fossé est immense entre le défi climatique, illustré par les scénarios pessimistes du sixième rapport du GIEC annonçant un réchauffement compris entre 1,4 et 4,4 degrés à l'horizon 2100, et la lenteur ou l'incohérence des politiques publiques – à l'image de la remise en service par la Chine à l'été 2021 d'une cinquantaine de mines de charbon pour répondre à la demande d'électricité générée par la reprise. Mais force est de constater que l'écologie a définitivement changé de statut, tant pour les entreprises que pour les grandes puissances.

Ruptures

La mondialisation s'est organisée autour d'un réseau de villes-mondes qui concentraient les hommes – 36 mégalopoles abritant 12 % de la population, les richesses, les services à haute valeur ajoutée, les technologies, les connaissances et les pouvoirs. Son principe reposait sur leur mobilité toujours plus rapide et à plus longue distance. Les métropoles constituaient le moteur de la polarisation des revenus et des emplois, des talents et des entreprises, des centres de décision et de l'espace, qui s'accompagnait d'une explosion des prix de l'immobilier. La Silicon Valley symbolisait ces carrefours planétaires où convergeaient les entrepreneurs, les universités, les chercheurs, les capitaux, les infrastructures et les idées, sa saturation débouchant sur l'annexion de San Francisco et l'expropriation de sa population, au profit des salariés et des entreprises de la haute technologie.

L'épidémie de Covid-19 a fracassé ce modèle fondé sur la mobilité et la rotation de plus en plus frénétiques des hommes, des biens, des capitaux et des données. Il est trop tôt pour affirmer que le coup est fatal et il reste vrai que les villes reprendront leur croissance pour rassembler les deux tiers de l'humanité à la moitié du siècle. Mais l'ébranlement est puissant et durable.

Tout d'abord, les métropoles ont été touchées de plein fouet par l'épidémie et la crise des services, à l'image de New York et Los Angeles, de Londres – télescopée également par le Brexit –, de Paris et de l'Île-de-France, des villes de l'Italie du Nord ou encore de Toulouse, touchée par le trou d'air du transport et de la construction aéronautiques. Avec les mesures de confinement et la généralisation du télétravail, le taux d'occupation des bureaux a chuté autour de 5 à 15 % dans les grands quartiers d'affaires du monde développé, entraînant l'arrêt des activités de support qui leur sont liées – à l'image des tours désertées de la City, de Wall Street ou de La Défense. Les habitants des métropoles ont également payé un très lourd tribut à l'épidémie, qui a prospéré dans les zones de forte concentration humaine, tout en étant rudement éprouvés par les confinements à répétition.

L'épidémie a ainsi déstabilisé les mégalopoles, mettant en évidence la différence croissante entre la hausse des coûts et la dégradation de la qualité de la vie, avec la fermeture des lieux de vie, d'échange et de loisirs. Le confinement a provoqué l'exil des plus riches – Paris s'est vidée de 20 % de sa population – et a accusé les écarts avec les plus pauvres – plus exposés et sans moyen d'échapper aux confinements. La réouverture progressive de l'économie et de la société est très loin de marquer un retour à la normale, du fait des risques propres aux transports en commun, et surtout de la fermeture ou de l'accès restreint, notamment par des pass sanitaires, à nombre des services et des activités sociales qui faisaient le prix et le charme des villes-mondes. Du tourisme et de la culture de masse au commerce en passant par l'enseignement supérieur, les modèles économiques sont durablement bouleversés. Simultanément, la violence et l'insécurité ont fortement progressé avec l'approfondissement des conflits sociaux et raciaux. Les métropoles et leurs finances, prises en étau entre l'explosion des dépenses sanitaires, sociales et sécuritaires, d'une part, l'effondrement des recettes fiscales, d'autre part, se retrouvent sous pression. New York en est le symbole, qui se voit de nouveau menacée de faillite et qui a dû amputer d'un milliard de dollars sur six le budget de la police, alors que la ville est gangrénée par la criminalité.

La fragilité des métropoles est apparue dans toute son ampleur. Leur surexposition à la pandémie s'est ajoutée à la dégradation de la qualité de la vie, liée à leur gigantisme, à la vulnérabilité des réseaux qui les innervent, aux menaces sécuritaires issues de l'hybridation de la délinquance et du terrorisme, aux risques environnementaux enfin. Les mégalopoles sont asphyxiées par l'automobile qui demeure le premier vecteur de mobilité. Leur situation généralement proche des côtes les rend vulnérables aux événements climatiques extrêmes mais aussi au tassement des sols et à la montée des mers. Ainsi de Lagos ou de Djakarta qui s'enfoncent dans les eaux, à tel point que le gouvernement indonésien a entrepris de déménager sa capitale sur l'île de Bornéo, à partir de 2024, pour une quarantaine de milliards de dollars.

L'épidémie de Covid-19 a ainsi marqué un tournant, en portant un réel coup d'arrêt aux métropoles et en réhabilitant les villes de taille humaine aux activités diversifiées. Une prise de conscience s'est opérée du caractère extravagant des prix de l'immobilier dans les grandes agglomérations par rapport aux conditions de vie, comme de la chute du pouvoir d'achat. À court terme, les politiques monétaires continuent d'entretenir la bulle. À moyen terme, une redistribution de la population se dessine, avec un reflux des hypercentres. New York et Los Angeles, Londres et Paris perdent de nombreux habitants et enregistrent une stabilisation ou une baisse des prix de l'immobilier. Les activités financières de Wall Street se redéploient en Floride, tandis que la Silicon Valley gagne Austin, dans le Texas. Aux États-Unis comme en Europe, entreprises et familles quittent les tours, les ménages privilégiant maison et voiture individuelles pour anticiper de nouveaux confinements. Dans les pays émergents, notamment en Asie et en Afrique, nombre d'habitants des bidonvilles, menacés de famine par l'arrêt du secteur informel, ont entrepris de retourner dans leurs villages d'origine afin d'assurer leur survie.

À l'horizon du siècle, les métropoles renoueront avec la croissance. Mais elles devront repenser leur organisation et leur développement, en réduisant les distances que doivent parcourir quotidiennement leurs habitants, en concevant des quartiers et des immeubles modulaires et hybrides – adaptés au logement comme au bureau –, en cassant la polarisation et les ghettos, en favorisant les rencontres et la mixité sociale, en poursuivant la réduction drastique de leurs émissions et en organisant leur résilience face aux événements climatiques extrêmes.

L'autre révolution touche l'organisation des entreprises et du travail. L'épidémie et le confinement ont entraîné une formidable accélération de la numérisation et du recours au télétravail, qui est applicable à 35 % environ des emplois dans les pays développés. La situation critique des transports en commun et les contraintes sanitaires renforcent l'intérêt pour les entreprises et les salariés de recourir au travail à distance et de mettre en place des organisations hybrides, alternant présentiel et télétravail – que certains Gafam proposent à vie pour certains postes. Celui-ci pourrait ainsi devenir une norme pour 10 à 20 % de la population active des pays développés, entraînant une chute brutale de la demande de bureaux.

Pour autant, le télétravail est tout sauf la panacée. Le travail à domicile a longtemps été la norme, au XIXe siècle, indissociable de la rémunération à la tâche et d'une grande misère. Il a progressivement été marginalisé par la création des usines, la mécanisation et la dynamique de la division du travail. La cristallisation de la notion d'entreprise et du lien salarial a permis, à partir de la fin du XIXe siècle, de stabiliser le travail et d'améliorer sa rémunération. Le salariat est ainsi devenu la norme dominante, à partir de 1918. Puis la production et la consommation de masse ont favorisé l'émergence des classes moyennes et ont été confortées par la création des États providence après la Seconde Guerre mondiale.

Le télétravail, venant après la mondialisation et les délocalisations, la naissance des plateformes numériques et le renouveau du travail indépendant, a achevé de déstabiliser le salariat. Il remet en effet en cause l'organisation des entreprises, notamment le lien hiérarchique, les principes du droit social, le rapport entre vie professionnelle et personnelle. Pour les entreprises, il peut créer des problèmes de coordination, de productivité, de capacité à gérer les innovations, d'adaptation aux situations nouvelles. Pour les salariés, le risque est réel d'une amplification de l'éclatement du travail, de la délocalisation de nombreux postes, de la dynamique de désocialisation et des inégalités, notamment entre les cadres et les travailleurs dits de première ou de deuxième ligne, mais également entre les générations. Par ailleurs, le télétravail systématique et durable crée de sérieux troubles psychologiques et favorise la coupure avec la réalité comme avec le corps social de l'entreprise. Mal géré, il débouche sur une menace d'atomisation de l'entreprise, du travail et du salariat, contribuant à dissoudre tout lien social. D'où la nécessité de reconstituer la solidarité, les collectifs de travail, les services rendus aux salariés, y compris à proximité de leur lieu d'habitation.

Les mêmes questions se posent aux politiques publiques. À l'exception notable de la Chine – après la phase d'occultation de l'épidémie –, les systèmes autoritaires et centralisés ont fait la preuve de leur inefficacité face à la pandémie. Face à la logique de fragmentation du système mondial, à la régionalisation des échanges, à l'éclatement des sociétés et à l'atomisation des individus, un cap clair est indispensable, qui ne peut être donné que par les chefs d'État et de gouvernement. Mais la logique de contrôle par le haut de l'action publique débouche sur sa paralysie, car elle bute rapidement sur l'embolie des administrations et la défiance des citoyens.

Tout l'art des politiques publiques consiste désormais à allier une orientation stratégique très claire, des relais territoriaux, la mobilisation des acteurs économiques et sociaux ; le tout grâce à un recours intensif aux technologies numériques. La capacité de leadership est décisive, mais elle doit s'appuyer sur la réactivité de la gouvernance et l'efficacité opérationnelle au plus proche de la délivrance du service.

* *
*

Dans son *Essai historique, politique et moral sur les révolutions anciennes et modernes* (1797), François-René de Chateaubriand soulignait que « toute révolution qui n'est pas accomplie dans les mœurs et dans les idées échoue ». Le rôle historique de l'épidémie de Covid-19 a été d'accomplir dans les mœurs et les idées les révolutions du XXIe siècle, à savoir, le basculement dans l'âge de l'histoire universelle, l'avènement d'un monde multipolaire marqué par la revanche de l'Asie, la partition du monde autour de la liberté politique.

Dans cette perspective, l'épidémie de Covid-19 esquisse aussi des solutions et comporte sa part d'espoir. Le total-capitalisme chinois a dévoilé sa face la plus sombre, en laissant se développer la pandémie, puis en interdisant toute véritable recherche sur son origine. Les dirigeants populistes ont fait la démonstration de leur irresponsabilité et de leur incompétence. À l'inverse, les nations qui ont le mieux géré ce choc à la fois sanitaire, économique et politique, sont des démocraties. Surtout, de Hong Kong à Caracas, en passant par Taïwan, le Myanmar, la Russie, la Turquie, l'Algérie ou le Soudan, des hommes continuent à risquer leur vie pour la liberté politique, nous rappelant qu'elle n'est pas une rente sur laquelle on peut se reposer, mais une conquête toujours renouvelée. C'est désormais à l'Occident de renouer avec la raison et la liberté qui fondèrent sa prospérité et son succès.

5

L'archipellisation du monde

> « L'Occident qui était perçu essentiellement comme le Chevalier de la Démocratie est désormais appréhendé comme le vecteur d'une politique pragmatique, souvent égoïste, voire cynique. »
>
> Alexandre Soljenitsyne, interview pour *Der Spiegel* (2007)

Au XVIIIe siècle, l'Occident et la Chine avaient divergé : l'Europe, forte de l'invention du capitalisme, de ses innovations et de son expansion impériale, s'engageant dans la révolution industrielle, au moment où la Chine s'enlisait dans une longue stagnation du fait de son repli. Au XXIe siècle, se dessine de nouveau un grand écart, mais dans un sens incertain, États-Unis et Chine oscillant entre ouverture et fermeture.

La nouvelle guerre froide

La Chine de Xi Jinping, comme il l'a rappelé à l'occasion du centième anniversaire de la fondation du Parti communiste, revendique le leadership du monde, à l'horizon 2049. Elle s'appuie pour cela sur sa supériorité supposée dans la stabilité politique et la capacité à conduire des stratégies de long terme, dans la gestion du capitalisme, dans le pilotage de la révolution numérique et, désormais, dans la transition écologique. De leur côté, les États-Unis sont fragilisés par la polarisation de la société et la désunion nationale, et tenaillés par la tentation d'un repli nationaliste, protectionniste et isolationniste – et ce, même après l'élection de Joe Biden. Sous la réconciliation avec les alliés européens, la stratégie vaccinale ou l'enchaînement des plans de relance géants restent en effet structurés par le mot d'ordre : « *America first* ».

Donald Trump avait alerté sur la montée en puissance de la Chine, tout en se révélant incapable d'élaborer une réponse cohérente. Il fit le jeu de Pékin en s'aliénant les alliés européens et asiatiques, en se retirant des institutions multilatérales ou du Pacte de libre-échange transpacifique. Après la déroute d'Afghanistan, Joe Biden cherche, lui, à réaligner les amis des États-Unis en constituant une alliance des démocraties pour endiguer le total-capitalisme chinois. Il s'inspire du cantonnement de l'Union soviétique, imaginé par George F. Kennan et appliqué par Harry Truman en 1947, qui donna raison à Sun Tzu – selon lequel la meilleure des guerres est celle que l'on gagne sans avoir à la livrer.

D'où la naissance d'une nouvelle guerre froide, dont le théâtre et les champs d'application sont élargis par rapport aux années 1950. Son terrain géographique n'est pas concentré en Europe, mais est véritablement mondial, Pékin cherchant à pratiquer un encerclement des États-Unis par les pays émergents à travers les nouvelles Routes de la soie. L'épidémie de Covid-19 a cristallisé le basculement vers une confrontation globale, en actant le découplage entre Washington et Pékin.

Choqués par la prise de conscience de leur dépendance vis-à-vis de l'industrie chinoise, les États-Unis ont fait de l'endiguement de la Chine leur priorité stratégique, seul objet de continuité entre les administrations Trump et Biden. La Chine de Xi Jinping, sous la pression des sanctions commerciales, cherche à organiser son découplage de la technologie américaine et à s'assurer la maîtrise de l'ensemble des chaînes de valeur stratégiques, notamment dans le domaine des microprocesseurs – objectif qui renforce sa détermination à prendre le contrôle de Taïwan. Simultanément, elle déploie une diplomatie sanitaire mondiale, notamment à destination des pays émergents, qui entend souligner l'absence de solidarité des pays développés – lesquels accordent une priorité absolue à leur population.

Dans cette nouvelle guerre froide, le numérique joue le rôle tenu par l'idéologie dans l'affrontement entre les États-Unis et l'URSS, au sortir de la Seconde Guerre mondiale. D'un côté, les États-Unis multiplient les sanctions contre les champions numériques de Pékin – de Huawei et ZTE au fabricant de semi-conducteurs Smic, en passant par les messageries comme WeChat ou Tik Tok –, fédérant une trentaine de pays autour du projet Clean Network qui entend protéger les infrastructures digitales des interférences et des monopoles chinois. De l'autre, la Chine lance une initiative pour la protection des données, qui vise à imposer au plan mondial ses propres normes pour la 5G et pour Internet. La partition d'Internet symbolise la nouvelle bipolarisation du monde. Elle se décline sur le plan commercial par les dispositifs de sanctions croisées ; au plan industriel, par le recentrage des chaînes de valeur ; au plan financier, par la relégation des acteurs chinois aux marges des marchés ; au plan idéologique, par le retour en force des conflits de valeurs : liberté politique, droits de l'Homme et protection de la vie privée pour Washington ; nationalisme, primat du Parti et de l'État pour Pékin.

La Chine ne masque plus sa volonté de remettre en cause le système international issu de 1945 dominé par l'Occident, y compris par le recours à la force. Elle a mis à profit le trou d'air des démocraties et le repli des États-Unis pour s'engager dans une expansion généralisée. D'un côté, forte d'un budget de défense de plus de 260 milliards de dollars, elle poursuit la prise de contrôle de la mer de Chine, la reprise en main de Hong Kong, les menaces d'invasion de Taïwan, les affrontements avec l'Inde dans le Ladakh. De l'autre, les nouvelles Routes de la soie ont permis d'établir des protectorats sur des pays comme le Cambodge, le Laos ou le Sri Lanka, tandis que la constitution de la zone de libre-échange asiatique du Regional Comprehensive Economic Partnership (RCEP) organise, autour de Pékin, les échanges de 30 % de la population mondiale et de la région la plus dynamique de la planète.

Pour les États-Unis, le défi chinois est autrement plus difficile et dangereux que la menace soviétique car il n'est pas seulement idéologique et stratégique, mais aussi économique et technologique. La Chine est en effet le premier partenaire commercial, industriel et financier des États-Unis, ainsi qu'un acteur majeur de la mondialisation présent sur tous les continents. Par ailleurs, l'Asie-Pacifique, contrairement à l'Europe au temps des blocs idéologiques, n'est stabilisée ni par des traités de paix postérieurs à la Seconde Guerre mondiale, ni par un système de sécurité, ni par l'existence de dispositifs d'alerte entre les forces en présence.

Le mérite de Donald Trump fut d'alerter sur la menace que les ambitions hégémoniques de la Chine font peser sur la paix et la liberté, et de placer le cœur de l'affrontement sur le terrain de la technologie. Mais son absence de stratégie et la confusion permanente entre les intérêts des États-Unis et les siens propres se sont révélés être les meilleurs alliés de Pékin, privant l'Amérique de cohérence et la coupant de ses alliés. Or il n'est pas d'endiguement possible de la Chine sans réalignement des États-Unis, de l'Europe, de l'Inde, du Japon et des démocraties asiatiques. Les États-Unis, en dépit de leur déclin relatif, restent la première puissance mondiale. Ils continuent à disposer de formidables atouts en raison de la vitalité de la société, de leurs capacités technologiques, de leur puissance militaire. Mais ils doivent montrer qu'ils conservent la capacité à conclure un nouveau pacte économique et social, à réunifier leur Nation et revigorer la démocratie, comme ils le firent à la fin du XIXe siècle, en 1945, puis à la fin des années 1970.

Un conflit armé n'est dans l'intérêt d'aucun des deux géants du XXIe siècle. Il peut cependant survenir, notamment autour de Taïwan, en raison des erreurs d'appréciation des deux protagonistes. D'un côté, la Chine a cédé, avec Xi Jinping, à la démesure et s'est lancée dans une stratégie d'expansion très agressive, en surestimant le déclin des États-Unis. De l'autre, ces derniers, en dépit de l'enchaînement des guerres perdues d'Afghanistan, d'Irak et de Syrie, demeurent convaincus qu'ils ne peuvent pas perdre une confrontation stratégique majeure, pour les avoir toutes remportées depuis la guerre de Sécession.

Le retour d'une configuration de guerre froide a des conséquences majeures pour les nations tierces, pour les sociétés et pour leurs entreprises mondialisées. Toutes se verront rapidement confrontées à la nécessité de choisir leur camp entre l'alliance des démocraties que tentent d'organiser les États-Unis, et la coalition hétéroclite du total-capitalisme, des démocratures et des théocraties qu'entend fédérer la Chine contre l'Occident. L'Union européenne, avec son grand marché de 450 millions de consommateurs à haute valeur ajoutée, constitue l'un des théâtres majeurs de l'affrontement au plan commercial et technologique. Les groupes mondialisés, dont le développement reposait sur une stratégie multidomestique - français en France, allemand en Allemagne, anglais au Royaume-Uni, américain aux États-Unis, chinois en Chine... - se trouvent télescopés par cette nouvelle donne géopolitique, qui s'ajoute à la révolution numérique et à la transition écologique. Les conflits de valeurs rattrapent ainsi le capitalisme et reviennent au premier plan de l'histoire.

Histoire universelle et partition du monde

La rivalité assumée des deux géants qui s'affrontent pour le leadership du XXIe siècle n'est pas le seul moteur de la bipolarisation du monde. Elle touche tous les continents : l'Asie avec l'Inde, qui se rapproche du Japon, de la Corée, de Taïwan, de l'Australie et de la Nouvelle-Zélande, pour contrer son encerclement par la Chine ; le Moyen-Orient avec un axe entre Israël, l'Égypte et le monde arabe musulman, emmené par les Émirats arabes unis, et qui s'oppose aux pays musulmans non arabes regroupant le Pakistan, l'Iran, la Turquie et la Malaisie ; la Méditerranée, du fait des coups de boutoir de la Turquie ; l'Europe, avec l'écart qui se creuse entre le nord et le sud du continent au plan économique, entre l'est et l'ouest au plan des valeurs. Elle pèse aussi de plus en plus sur la vie intérieure des nations, en particulier dans les démocraties déstabilisées par la désintégration de la classe moyenne et la montée des forces populistes, qui installent un climat de guerre civile.

Après l'effondrement de l'Union soviétique, la mondialisation, portée par l'universalisation du capitalisme, l'émergence d'une société ouverte et l'aspiration à la démocratie, avait tendu à unifier le monde. Depuis le krach de 2008 prévaut une dynamique de fragmentation qui a été formidablement accélérée par l'épidémie de Covid-19. Le monde est désormais en voie d'archipellisation sous l'effet du retour des États et du repli sur les nations – les banques centrales se substituant aux marchés pour financer administrations publiques et entreprises –, de la formation de blocs continentaux, de la désintégration des institutions, des instruments et des règles qui permettaient de conduire une coopération à l'échelle de la planète et de réguler les conflits. Alors que la mondialisation avait été portée par l'économie, son implosion a pour moteur la politique et la divergence des cultures et des valeurs. La fragmentation a, pour compagnons de route, la polarisation et la confrontation.

L'archipellisation du monde entraîne une très forte montée des risques et de la conflictualité. Au plan économique, elle se traduit par une baisse de la croissance potentielle, un durcissement de la concurrence et une diminution de la régulation internationale, qu'il s'agisse de commerce ou de finance, de monnaie ou de fiscalité. Au plan géopolitique, la possibilité de confrontations armées majeures, y compris avec une composante nucléaire, augmente fortement – par exemple entre les États-Unis et la Chine autour de Taïwan, de la Chine et de l'Inde autour du Ladakh, de l'Inde et du Pakistan autour du Cachemire, voire de la Russie et de l'Otan autour de la Biélorussie, de l'Ukraine ou des États baltes –, au moment où les accords de désarmement sont violés ou caducs. Dans ce contexte, la capacité à gérer les dangers planétaires, du terrorisme islamiste aux pandémies, en passant par la régulation du secteur numérique ou le réchauffement climatique dont la menace est plus grave encore que celle de la Covid-19, ne cesse de s'affaiblir.

Simultanément, les instruments de contrôle ou d'endiguement de la violence disparaissent, laissant le champ libre à son ascension aux extrêmes. Ce monde dangereux n'a plus de réassurance. Les États-Unis connaissent un fort déclin et sont confrontés à leur crise intérieure, comme aux doutes de leurs alliés sur la fiabilité de leurs engagements. La Chine est la puissance ascendante mais son modèle totalitaire demeure un repoussoir, et son projet de conquête du leadership à l'horizon 2049 ne s'appuie que sur une pure volonté de domination, à l'exclusion de toute idée de liberté, de paix et de stabilité. Par ailleurs, les institutions multilatérales, qui permettaient aux grandes puissances de dialoguer et de se coordonner, comme en 2009 pour éviter une déflation mondiale, ont été profondément déstabilisées.

L'histoire universelle est ainsi traversée par la tension qu'avait pointée Raymond Aron dès 1960, lors d'une conférence qu'il lui avait consacrée, à Londres : « Jamais les hommes n'ont eu autant de motifs de ne plus s'entretuer. Jamais ils n'ont eu autant de motifs de se sentir associés dans une seule et même entreprise. Je n'en conclus pas que l'âge de l'histoire universelle sera pacifique. Nous le savons, l'homme est un être raisonnable, mais les hommes le sont-ils[1] ? »

---

1. Raymond Aron, « L'aube de l'histoire universelle », conférence donnée à Londres, le 18 février 1960, sous l'égide de la Société des amis de l'université hébraïque de Jérusalem, publiée *in Dimensions de la conscience historique*, Paris, Plon, 1961, p. 295.

Le désarroi de l'Occident

L'Occident a dominé le monde de la fin du XVe siècle au début du XXIe siècle, exportant ses modes de production, ses institutions et ses idées sur tous les continents à travers trois grands mouvements de mondialisation : le XVIe siècle avec les grandes découvertes ; le XIXe siècle avec la convergence de la colonisation, de la révolution industrielle et du libre-échange ; la fin du XXe siècle avec l'effondrement de l'empire soviétique, l'universalisation et la dérégulation du capitalisme, le basculement dans l'ère numérique. Son expansion a été portée par l'Europe, qui contrôlait 70 % des terres émergées et de la population mondiale en 1900, puis par les États-Unis qui imposèrent leur leadership en faisant la décision lors des trois guerres mondiales qui structurèrent le XXe siècle – en 1918, en 1945 et en 1989.

Le succès de l'Occident a reposé sur quatre principes : l'invention du capitalisme, défini par l'application du calcul rationnel à la production ; le progrès de la science pour connaître et valoriser l'univers ; la construction de la liberté politique qui permet aux individus et aux nations de décider de leur destin, en fondant une communauté de citoyens à même d'élaborer ses institutions, de choisir ses dirigeants et de débattre de ses projets ; enfin, la conscience de l'unité et de la solidarité des nations libres, notamment face aux totalitarismes du XXe siècle.

La troisième mondialisation a semblé marquer le triomphe ultime de l'Occident. Elle a en réalité provoqué sa chute. La part des grands pays développés dans la production mondiale a été ramenée de 45 à 30 %, tandis que le centre de gravité du capitalisme basculait vers l'Asie, qui, elle, est devenue l'atelier du monde et a pris une avance significative dans nombre de technologies clés – de l'intelligence artificielle à la biomédecine, en passant par les énergies renouvelables ou les batteries. L'Occident a perdu sa crédibilité et montré sa vulnérabilité en échouant à gérer les risques systémiques et les chocs qui caractérisent le XXIe siècle. Il fait désormais face à de puissantes forces qui lui sont hostiles et qui entendent le supplanter.

Les menaces sur la sécurité des démocraties se renforcent. Loin de s'affirmer comme une norme universelle, elles reculent et sont prises sous le feu croisé du djihadisme, qui poursuit sa progression de l'Afrique à l'Indonésie, tout en se développant comme un réseau social de la terreur au sein des sociétés développées, et des démocratures qui affirment leurs ambitions de puissance : la Chine en Asie et dans le monde émergent, la Russie au Moyen-Orient et en Europe, la Turquie de la Méditerranée au Caucase. Une nouvelle course aux armements est lancée qui ne cesse de toucher de nouveaux domaines – les pôles, l'espace, le cybermonde –, portée par des dépenses militaires qui ont atteint 2 000 milliards de dollars en 2020 et qui progressent de 5 % par an. Le renouveau du nationalisme et du fanatisme religieux nourrit la violence – de l'extermination des Rohingyas en Birmanie à celle de civils au Tigré, en Éthiopie, en passant par le retour des talibans en Afghanistan, le basculement du Moyen-Orient ou de pans entiers de l'Amérique latine dans le chaos –, tandis que ressurgit la possibilité de conflits armés entre puissances de premier rang.

L'origine première de la crise de l'Occident reste cependant intérieure, liée à la corruption de ses valeurs, de ses institutions et de ses mœurs. L'ignorance et la démagogie cultivées par les dirigeants populistes et par les réseaux sociaux - dont les deux mamelles sont le déni des faits et la violence - ont nourri le mépris pour l'éducation et pour la science, créant un fossé entre une élite maîtrisant les nouvelles technologies et la population. La démocratie a été largement vidée de son sens par l'érosion des contre-pouvoirs et de l'État de droit, l'asservissement du débat public aux passions collectives, la déification des identités qui ont euthanasié l'idée de bien commun, la tyrannie du court terme qui interdit toute vision de l'avenir. Enfin, comme dans les années 1930, l'unité des nations libres s'est défaite.

Force est de reconnaître que l'impuissance et la paralysie de nombre de démocraties semblent légitimer les critiques adressées par les dirigeants autoritaires à la liberté politique : tyrannie d'une opinion versatile manipulée par les démagogues et de minorités mobilisant les réseaux sociaux ; enfermement dans le très court terme ; impuissance chronique ; incapacité de répondre aux défis planétaires et aux chocs du XXIe siècle. La polarisation de la société et la guerre culturelle instaurée autour des clivages raciaux et sociaux pourraient ainsi acter la chute de l'Amérique et clore le cycle démocratique ouvert au XVIIIe siècle.

* *
*

L'enjeu du XXIe siècle sera la liberté politique. Il n'opposera plus la démocratie aux sociétés d'Ancien Régime, comme au XIXe siècle ou aux totalitarismes comme au XXe, mais aux démocratures et au djihadisme. La décennie 2020 décidera largement de son issue, suivant que l'Occident, les États-Unis et l'Europe parviendront ou non à se reconstruire. Il n'y a pas de retour possible à l'ordre mondial ou à l'Amérique de l'après-Seconde Guerre mondiale. Il est à la fois inévitable et légitime que les grands pays émergents, dont la Chine, participent au pilotage de l'histoire universelle, à hauteur de leur poids démographique et économique. Mais cela n'implique en rien qu'il faille accepter la domination du modèle promu par Pékin, indissociable de l'annihilation de la liberté.

Le destin du siècle reste ouvert. La Chine a profité des chocs du début du siècle pour prendre l'avantage mais elle reste très loin d'avoir gagné. Car l'alliance d'un capitalisme sauvage hors de tout État de droit et de la dictature d'un parti unique paraît peu soutenable à terme ; elle continue à représenter un cauchemar pour une large partie de l'humanité, comme le montrent les manifestants de Hong Kong ou la résistance de Taïwan. La fermeture du marché chinois et la tutelle imposée aux géants de la technologie par Pékin jettent le doute sur la capacité à assumer le leadership de l'ère numérique. Enfin, il n'est pas d'exemple dans l'histoire de concentration extrême du pouvoir entre les mains d'un dirigeant nommé à vie, tel Xi Jinping, qui ne se soit achevée en tragédie. La terreur et l'arbitraire ne permettent de fonder durablement ni la stabilité, ni la prospérité, ni la sécurité.

La Chine, les démocratures et les djihadistes sont surtout forts des faiblesses des démocraties. Voilà pourquoi c'est la réussite ou l'échec des nations libres pour se réinventer et refonder leur unité, qui déterminera l'issue de la grande confrontation qui s'est ouverte. La situation des démocraties présente des analogies avec celle de 1945. Il leur faut à la fois reconstruire un capitalisme stable et inclusif aux antipodes de l'économie de bulles, piloter la double révolution numérique et écologique, ressouder des nations en proie à des formes de guerre civile froide, refonder leur unité. Pour relever ces défis, les démocraties devront surmonter leur crise intérieure, désarmer le poison populiste qui les corrompt, renouer avec les valeurs de la liberté, de la raison et de la responsabilité qui se confondent avec le destin de l'Occident. C'est la foi des citoyens des démocraties dans la liberté et leur engagement pour la défendre qui décideront ultimement du cours du XXIe siècle. Pour cela, il est indispensable de tirer les enseignements des dysfonctionnements et des fragilités révélés par la Covid-19, à la lumière des épidémies qui contribuèrent à faire l'histoire.

6

Quand les pandémies font l'histoire

> « Pour moi, je dirai comment cette maladie se présentait et les signes à observer pour, si jamais elle se reproduisait, pouvoir le mieux profiter d'un savoir préalable et n'être pas devant l'inconnu. »
>
> Thucydide,
> *La Guerre du Péloponnèse* (vers – 399)

À l'égal des crises économiques majeures, des guerres et des révolutions, les grandes épidémies constituent des tournants et des accélérateurs de l'histoire. Les progrès de l'hygiène et de la médecine, les conflits mondiaux liés aux idéologies au cours du XXe siècle, les déséquilibres croissants de la mondialisation et le djihadisme au XXIe siècle les avaient toutefois reléguées au second plan. Par ailleurs, le principal choc épidémiologique du XXe siècle, la grippe espagnole, se confondit avec la dernière année de la Grande Guerre. Sa mémoire fut comme engloutie par la tragédie du premier conflit mondial qui fut la matrice de l'histoire tragique du XXe siècle. Et ce, alors même qu'elle fit plus de victimes que les opérations militaires, avec 50 à 100 millions de morts. La Covid-19 a brutalement ramené les fléaux sanitaires au premier rang de l'histoire des hommes.

Dans *Apologie pour l'histoire ou Métier d'historien* (1949), Marc Bloch soulignait que « l'incompréhension du présent naît fatalement de l'ignorance du passé ». La faillite de la majorité des démocraties dans la gestion de la crise sanitaire, économique et géopolitique, provoquée par l'épidémie de Covid-19, impose une profonde révision des stratégies des États pour affronter le prochain choc épidémiologique, qui pourrait être bien plus meurtrier. Pour cela, il est indispensable de se tourner vers le passé pour chercher à dégager les leçons des grandes épidémies qui ont jalonné l'histoire. Et ce, depuis l'apparition, il y a dix ou douze mille ans, de l'agriculture et de l'élevage qui, en organisant la cohabitation entre les hommes et les animaux, ont favorisé le franchissement de la barrière entre les espèces par un certain nombre de maladies contagieuses.

La peste d'Athènes

Athènes connut son apogée au ve siècle avant Jésus-Christ, sous l'autorité de Périclès. La Cité se confondait avec l'idée de liberté, qui constituait la base de ses institutions, de sa politique extérieure et de ses mœurs. Cette liberté était non seulement politique, liée à l'autonomie de décision de la Cité, mais aussi démocratique, avec l'affirmation que le peuple était souverain et que chaque citoyen obéissait à la loi, devant laquelle il était égal, au lieu d'être soumis à l'arbitraire d'un monarque ou d'une poignée d'oligarques.

Athènes bénéficiait d'un immense prestige en Grèce, depuis les victoires à Marathon en – 490 sur les troupes de Darius Ier, puis à Salamine et Platées en – 480 et – 479 sur la flotte et l'armée de Xerxès Ier. Ces succès décisifs et inespérés sur la formidable puissance de la Perse étaient mis à son crédit car elle était parvenue à fédérer les cités grecques pour repousser l'envahisseur. Mais, de même que la liberté était réservée aux citoyens et déniée aux métèques ou aux esclaves, Athènes était aussi prompte à la revendiquer pour elle-même qu'à la refuser aux cités qui avaient accepté son hégémonie, avant d'en ressentir durement le poids. Le développement accéléré de l'empire maritime d'Athènes autour de la Ligue de Délos constituait une menace de plus en plus ouverte pour Sparte, ce qui entraîna le déclenchement de la guerre du Péloponnèse. Son enjeu était l'hégémonie sur la Grèce, mais aussi l'opposition entre deux régimes politiques – la démocratie ou l'oligarchie – et deux systèmes de valeurs – la liberté, l'audace et le primat de l'individu pour Athènes ; la discipline, la sagesse et le primat de la Cité pour Sparte.

La guerre éclata en – 431 et Athènes appliqua efficacement la stratégie mise au point par Périclès, qui consistait à renforcer la domination maritime de la Cité et à abandonner l'Attique à Sparte, dont la phalange était réputée invincible, tout en organisant le repli de la population à l'abri des Longs Murs qui reliaient Athènes au Pirée. La peste ou le typhus, qui apparurent en – 429 et sévirent de manière endémique jusqu'à l'hiver - 427, constituèrent une terrible surprise stratégique qui déstabilisa non seulement le plan de bataille arrêté par Périclès, mais plus encore la démocratie athénienne. Venue d'Éthiopie et d'Égypte par les bateaux qui ravitaillaient la Cité, l'épidémie frappa d'abord le port du Pirée puis gagna tous les quartiers, y compris les plus riches. Elle provoqua une terrible hécatombe dans une ville assiégée et surpeuplée par l'afflux des réfugiés de l'Attique. Une ville qui ne disposait ni d'un réseau d'eau centralisé ni d'égouts et où, hormis les patriciens, la population s'entassait dans des maisons en bois et torchis de trois à quatre pièces, adossées les unes aux autres dans des rues très étroites.

L'épidémie tua ainsi un quart à un tiers de la population d'Athènes, estimée à 200 000 habitants, et autant de réfugiés de l'Attique qui étaient presque aussi nombreux. Les Lacédémoniens levèrent le siège de la Cité dès l'apparition des premiers signes du fléau dans leurs rangs, ce qui les laissa relativement épargnés. En revanche, les conséquences pour Athènes furent dévastatrices, sapant les fondements de sa puissance et la stabilité de ses institutions.

L'épidémie fit basculer le rapport de force militaire en faveur de Sparte. L'armée athénienne fut en effet décimée par la mort de 1 050 hoplites sur 4 000 en quarante jours, lors de la première vague, puis de 4 400 hoplites et 300 cavaliers lors de la deuxième vague. Les forces des cités alliées furent également contaminées. Simultanément, le dynamisme économique de la Cité fut profondément affecté par la pénurie de main-d'œuvre dans l'agriculture et dans les mines d'argent du Laurion, comme par le fort ralentissement de l'activité du port du Pirée. Les inégalités et les tensions sociales s'accrurent brutalement, provoquant un effondrement de l'ordre et une explosion des violences. Le respect des lois et la confiance dans la liberté reculèrent. Les satisfactions et les plaisirs de l'instant l'emportèrent sur la préoccupation du bien commun. « Devant le déchaînement du mal, rapporte Thucydide, les hommes, ne sachant que devenir, cessèrent de rien respecter, soit de divin, soit d'humain[1]. »

La conséquence immédiate fut la mise en cause de l'autorité de Périclès et de la stratégie qu'il avait imaginée pour vaincre Sparte. Ayant anticipé la contestation, Périclès reprit le contrôle de la situation en convoquant le peuple sur la Pnyx, en rappelant que la guerre restait la priorité absolue, que sa conduite avait été approuvée par le peuple qui en partageait la responsabilité avec les dirigeants. Mais Périclès, qui dominait la politique athénienne et régulait l'exercice de sa démocratie depuis sa première élection en - 461 comme stratège, fut lui-même atteint par la maladie qui l'emporta le 1er septembre - 429. Avec la mort de l'homme qui était assez sûr de sa supériorité et de sa légitimité pour convaincre les citoyens de donner le dernier mot à la raison, la démocratie athénienne perdit son esprit et son âme. Sa disparition laissa le champ libre aux

1. Thucydide, *La Guerre du Péloponnèse*, II, 52, trad. J. de Romilly, L. Bodin, R. Weil, Paris, Les Belles Lettres, 1953, rééd. 2019.

démagogues, Cléon et Alcibiade, prompts à flatter et à encourager les passions collectives du peuple, qui bascula dans l'arbitraire et l'autoritarisme.

La guerre du Péloponnèse connut d'innombrables épisodes jusqu'au désastre de l'expédition de Sicile, qui déboucha sur la défaite définitive d'Athènes en - 404, symbolisée par le démantèlement des Longs Murs, la dislocation de son empire et l'effondrement de sa démocratie remplacée par l'oligarchie des Trente tyrans. Mais il ne fait pas de doute que la peste de - 429 et la mort de Périclès constituèrent un tournant décisif, en portant un coup fatal tant aux institutions d'Athènes qu'à la stratégie préparée de longue date par son principal stratège pour triompher de Sparte. La défaite finale d'Athènes découla moins de ses revers militaires que de la corruption de sa démocratie par la démagogie, qui enferma la Cité dans les désordres intérieurs et dans des choix de plus en plus incohérents et erratiques.

La peste d'Athènes a donc joué un rôle clé dans l'issue de la guerre du Péloponnèse. Elle a aussi légué un impressionnant héritage intellectuel, à travers les écrits d'Hérodote, qui était présent à Athènes en - 427, et de Thucydide[1], qui fut malade mais en réchappa. Tous deux ont inventé le récit historique en détachant les événements de l'affrontement des dieux, en décrivant les faits, en recherchant leurs causes et en éclairant leurs conséquences. Tous deux

1. Hérodote, *L'Enquête : Livre I à IV*, Paris, Gallimard, coll. « Folio classique », 1985 ; *Livres V à IX*, Paris, Gallimard, coll. « Folio classique », 1990. Thucydide, *La Guerre du Péloponnèse*, Paris, Gallimard, coll. « Folio classique », 2000.

se fixèrent pour objectif d'analyser pour comprendre et de comprendre pour prévoir et agir. Ainsi, Hippocrate prodigua-t-il le conseil qui resta durant des siècles la seule réponse efficace face à la peste : « Pars, vite, et loin ! » Ainsi, Thucydide dressa-t-il un tableau clinique de la maladie, de ses symptômes, de ses effets physiques et psychologiques. Au lieu de spéculer sur des origines divines ou de désigner des boucs émissaires, il retraça le parcours du fléau depuis l'Éthiopie, puis sa progression dans la ville assiégée. Se faisant, il mit en lumière les mécanismes de la contagion et de l'immunité. De même que l'histoire est née avec les guerres médiques, puis l'affrontement entre Athènes et Sparte, l'épidémiologie a été inventée lors de la peste d'Athènes.

La peste de Justinien

Au VIe siècle, le règne de Justinien marque l'apogée de l'Empire romain d'Orient. Il est frappé de plein fouet par la peste qui ruine l'ambition de l'empereur de restaurer sous son autorité la grandeur de Rome en même temps que ses projets de réforme. Procope de Césarée, secrétaire et bras droit de Bélisaire, général en chef de Justinien, était présent à Constantinople, en 542, lorsque la ville fut frappée par l'épidémie. Il fit explicitement référence à Thucydide et s'inscrivit dans sa continuité pour reconstituer le cheminement du fléau et décrire ses ravages[1].

1. Procope de Césarée, *Histoire secrète*, Paris, Les Belles Lettres, 1990 ; *Histoire de la guerre contre les Perses*, Clermont-Ferrand, Paleo, 2012.

Partie de la mer Rouge, la peste gagna Péluse dans le delta du Nil, en 541, puis Alexandrie d'où elle se dissémina, véhiculée par les rats qui infestaient les bateaux, dans les ports de la Méditerranée, puis dans toute l'Europe. Elle atteignit Constantinople en 542, tuant la moitié de ses 500 000 habitants et affaiblissant tant l'Empire romain d'Orient que la Perse sassanide. Elle poursuivit sa course jusqu'en Asie, touchant en 610 la Chine où elle extermina le tiers de la population.

L'épidémie dévasta l'économie de Byzance, entraînant des famines et de graves troubles sociaux. L'administration de l'Empire, les centres urbains et les routes commerciales s'effondrèrent. La crise fut d'une telle ampleur qu'elle contraignit Justinien, qui manqua lui-même d'être emporté par la maladie, à ordonner la distribution de subsides à la population, puis à annuler en 553 tous les impôts dus depuis le début de l'épidémie, au prix de coupes drastiques dans ses projets – notamment militaires. Grâce à l'action énergique de Bélisaire, il réussit à reconstituer les rangs de l'armée pour contrer l'expansion de la Perse sassanide de l'empereur Chosroès Ier, dont les troupes furent aussi décimées par la maladie et contraintes à la retraite, ce qui entraîna la suspension des opérations militaires.

Ainsi la peste affaiblit-elle fortement les deux grandes puissances qui se disputaient la domination du Moyen-Orient, Byzance et la Perse sassanide, ouvrant la voie à l'expansion foudroyante de l'islam. Le califat omeyyade conquit ainsi la Perse dès le VIIe siècle. L'empire d'Orient connut un long déclin, perdant progressivement le contrôle de ses possessions jusqu'à la prise de Constantinople par les Ottomans de Mehmed II, en 1453. Au-delà des pertes humaines et matérielles, les esprits furent profondément bouleversés : la foi catholique se renforça en même temps que s'affirmait l'omniprésence du péché ; processions et contritions collectives se multiplièrent. La peste disparut à partir du VIIIe siècle, mais Byzance ne retrouva jamais la splendeur de l'ère justinienne.

La grande peste noire du XIVe siècle

La grande peste noire fut la matrice du XIVe siècle en raison de son caractère cataclysmique, de l'effondrement démographique qu'elle provoqua dans le monde occidental et méditerranéen, de ses conséquences économiques, politiques et morales enfin[1].

L'épidémie prit naissance en 1347, à Caffa, colonie génoise de Crimée, assiégée par les Mongols de la Horde d'or commandés par le khan des Kiptchak, Djanibeg. Il fut l'inventeur de la guerre bactériologique puisqu'il décida, après que la maladie fut apparue au sein de ses troupes, de catapulter les cadavres des soldats victimes de la maladie dans la ville. Caffa parvint néanmoins à résister, contraignant le Khan à lever le siège. Mais la hâte de ses habitants à jeter à la mer les

1. Yves Renouard, « La peste noire », *La Revue de Paris*, mars 1950, reproduit *in* « La peste noire de 1348-1350 : L'évènement le plus important du XIVe siècle », *Commentaire*, n° 170, été 2020, p. 299-308.

dépouilles de pestiférés se révéla vaine. La maladie se répandit dans la ville puis, par les rats, sur les bateaux génois, qui la transmirent à Constantinople, Messine et Catane, Gènes, puis Marseille. Dès 1348, la peste ravageait la France, l'Italie, l'Angleterre, l'Allemagne et la péninsule ibérique. En 1349, elle frappa les Pays-Bas et la Scandinavie.

La peste noire mêla formes bubonique, pulmonaire et septicémique - les deux dernières étant mortelles dans la totalité des cas. En l'absence de tout traitement ou médicament, elle tua le tiers de la population de l'Europe, qui diminua de 75 à 50 millions d'habitants entre 1347 et 1351. En France, la population chuta de 17 à 10 millions de personnes. Les villes, du fait de leur densité et de la concentration des logements, de la promiscuité et de l'absence d'hygiène, furent dévastées, de même que les ordres mendiants qui cumulaient vie communautaire et vœux d'extrême pauvreté.

La peste marqua un tournant historique pour l'Europe et l'Occident. Le choc démographique fut d'une telle violence qu'il fallut attendre le XVIe siècle, après les résurgences de la maladie, pour que la population se redresse. Et ce, d'autant que les personnes dans la force de l'âge avaient été les cibles premières de l'épidémie, en raison de la surréaction de leur système immunitaire. Le cycle d'expansion et la prospérité des XIIe et XIIIe siècles furent cassés net par la spirale infernale de la maladie et de la famine.

L'épidémie provoqua une chute brutale de la population, de la surface cultivée et de la production. De vastes espaces agricoles retournèrent aux pâturages, voire à la forêt. Des villages entiers furent désertés et abandonnés, jusqu'à un millier pour la seule Angleterre. L'effondrement de la population provoqua une longue dépression économique, en raison de la pénurie de paysans, d'artisans et d'ouvriers qui bloqua la production et provoqua des famines, mais aussi la désorganisation du commerce local et des échanges. Par ailleurs, le fonctionnement des pouvoirs publics fut profondément perturbé par les coupes sombres dans leur personnel et leurs revenus.

L'épidémie modifia ainsi fortement et durablement les équilibres économiques et sociaux. La pénurie de main-d'œuvre agricole entraîna des hausses de salaires et de nombreux affranchissements de serfs. Les villes qui s'étaient vidées de leur population favorisèrent l'exode rural par des programmes de reconstruction et d'incitation à l'installation pour les artisans et les ouvriers, dont les salaires furent réévalués de 50 à 150 %, suivant les cités et les métiers. La distribution des revenus et des richesses fut bouleversée. Seigneurs et ecclésiastiques virent leurs revenus fonciers largement amputés. À l'inverse, dans les villes où les salaires et les prix augmentaient, où le progrès technique s'intensifiait pour faire face au manque de bras, les fortunes bourgeoises tendirent à se concentrer, renforcées encore par l'accélération des héritages. Il en résulta de fortes tensions entre nobles ruinés - dont certains se reconvertirent dans le brigandage - et paysans, entre bourgeois enrichis et prolétariat. Les inégalités explosèrent et débouchèrent sur de sanglantes jacqueries et des émeutes urbaines en France, en Angleterre et en Italie.

Les États furent confrontés à une crise financière aiguë du fait de la baisse du nombre de contribuables et de l'activité, qui firent fondre les recettes fiscales. Une lutte féroce les opposa à l'Église pour la possession des maigres ressources que pouvait encore dégager l'activité agricole : elle culmina en Angleterre, où Édouard III prit en 1351 et 1353 des statuts contre la fiscalité pontificale, réservant les bénéfices des propriétés ecclésiastiques à la Couronne. Force fut par ailleurs de renoncer aux projets politiques et militaires les plus ambitieux, faute de moyens pour lever, entretenir et engager des armées. L'épidémie conduisit ainsi à suspendre les principales guerres. En Italie, Venise et Gènes s'accordèrent pour geler leur conflit jusqu'en 1351. Il en alla de même pour la guerre de Cent ans entre la France et l'Angleterre qui, au lendemain de la bataille de Crécy, fut interrompue de 1347 à 1355. Sur le front des croisades, une trêve fut de même conclue en 1348, entre Croisés et Sarrasins, pour une durée de onze années.

Mais l'ébranlement majeur fut politique et moral. La peste noire a contribué à saper l'ordre féodal, en déstabilisant l'autorité de la noblesse et de l'Église, et a préparé la Renaissance, marquée par l'émergence des États et par la Réforme. Boccace, dans le *Décaméron* (1349-1353), a dépeint un saisissant tableau du relâchement des lois et des mœurs provoqué par l'épidémie : « Les gens avaient si peur que le frère abandonnait le frère, l'oncle le neveu ; souvent même la femme le mari.

Les parents évitaient de rencontrer leurs enfants et de les aider[1]. » L'ordre social se désintègre avec l'omniprésence de la mort. Et ce, d'autant plus que les élites nobiliaires et ecclésiastiques sont impuissantes et contestées et que les institutions qui auraient pu porter leur renouvellement, par exemple les ordres mendiants au sein de l'Église, sont particulièrement touchées par la maladie. Dès lors, certains se tournent vers des formes plus intérieures de religion ou se réfugient dans le mysticisme, à l'image des Flagellants – troupes de plusieurs centaines de personnes qui errent de la Picardie à la Bohême, en pratiquant des mortifications et en appelant à se détacher de la corruption des villes. Beaucoup plus nombreux sont ceux qui cèdent à la colère et à la violence, et qui recherchent des boucs émissaires. Ainsi se multiplient de l'Espagne à l'Allemagne les massacres de Juifs, par ailleurs particulièrement vulnérables du fait du surpeuplement et de l'état sanitaire des ghettos, ou de lépreux.

La peste noire marque ainsi un tournant historique, comme le souligne Ibn Khaldûn, le grand historien et philosophe arabe, dans *Muqaddima* (1377) : « Tant à l'est qu'à l'ouest, la civilisation subit une incursion destructrice, celle de la peste qui dévasta les nations et raya des populations entières de la surface de la terre. Elle annihila le bien qui avait été créé. [...] Le niveau de civilisation décrut en même temps que le nombre

1. Boccace, *Le Décaméron*, Paris, Gallimard, coll. « Folio classique », 2006, p. 26.

d'habitants. La face du monde habité en fut changée[1]. » La peste enterra en effet, avec le tiers de la population européenne, l'ordre médiéval en remettant en question l'équilibre malthusien entre la population et les ressources agricoles, en accélérant le progrès technique – notamment l'imprimerie –, en affaiblissant les élites nobiliaires et ecclésiastiques, en confortant la montée en puissance de la bourgeoisie urbaine. Elle a préparé l'apparition des États modernes à travers la cristallisation des cultures nationales et d'un esprit laïc, qui se sont engouffrés dans le vide créé par les coupes claires dans le clergé et dans son déclassement économique et intellectuel. Elle a ainsi opéré un formidable déplacement des richesses et de l'autorité légitime, qui s'incarna dans la Renaissance à partir de la seconde moitié du XVe siècle.

Le choc microbien et la conquête de l'Amérique

Si la peste noire du XIVe siècle constitue la plus terrible épidémie endurée par l'Europe, la plus grande catastrophe épidémiologique subie par l'humanité reste la destruction de la population et des civilisations amérindiennes, à la suite du débarquement des conquistadores espagnols et portugais à la fin du XVe siècle. L'arme fatale qui réduisit à néant, en un quart de siècle, les formidables empires aztèques et mayas est moins

1. Ibn Khaldûn, « Muqaddima », *in* William Naphy et Andrew Spicer, *La Peste noire : Grandes peurs et épidémies, 1345-1730*, Paris, Autrement, 2003, p. 34.

à chercher dans les arquebuses et les rares canons, les chevaux ou les chiens de combat, que dans les maladies.

La conquête de l'Amérique fut d'abord bactériologique. Les populations amérindiennes bénéficiaient du privilège rare et dangereux d'un long et total isolement du reste du monde, contrairement aux habitants d'Asie, du Moyen-Orient et d'Europe qui étaient régulièrement frappés par des épidémies variées. Elles ne disposaient donc d'aucune immunité contre les agents pathogènes qu'importèrent les navigateurs et conquérants ibériques et lusitaniens. La variole, la rougeole et la varicelle, s'ajoutant au travail forcé, furent très proches d'exterminer totalement les Indiens du Nouveau Monde, puisqu'elles tuèrent 90 % d'entre eux. En un siècle, leur population s'effondra de 60 millions à 5 ou 6 millions, celle de l'ancien empire inca passant de 12 à 15 millions de personnes à sa chute, en 1532, à moins d'un million. Certaines îles comme Hispaniola, Cuba, Porto Rico ou la Jamaïque virent disparaître la totalité de leur population autochtone en moins d'un demi-siècle. En retour, les Espagnols contractèrent la syphilis, qui s'étendit dans toute l'Europe à partir du début du XVIe siècle.

La catastrophe démographique provoquée par la conquête de l'Amérique entraîna l'effondrement des peuples, des cultures et des civilisations précolombiennes. Elle engendra une autre tragédie avec la traite négrière de l'Afrique vers l'Amérique organisée par l'Europe. Pour alimenter en main-d'œuvre mines et plantations, quelque 12 millions d'Africains furent déportés entre le début du XVIe siècle et 1870 – dont 40 % vers les Antilles, 38 % vers le Brésil, 17 % vers l'Amérique espagnole et 5 % vers les États-Unis.

La grippe espagnole de 1918

La peste et le choléra restèrent présents à l'état endémique, en Europe, du XVe au XXe siècle, mais leurs résurgences furent localisées et contrôlées. En 1630, la Lombardie et la Vénétie furent frappées par la grande peste de Milan et perdirent le quart de leurs quatre millions d'habitants. En 1665, Londres fut dévastée et vit mourir un habitant sur cinq. En 1720 ce fut Marseille, où l'épidémie fut contenue par la mise en place d'une quarantaine draconienne. Au début des années 1830, une vague de choléra ravagea l'Europe, touchant Londres, Berlin – où il emporta le philosophe Georg Wilhelm Friedrich Hegel, en novembre 1831 –, et Paris où il fit 20 000 victimes – dont le chef du gouvernement, Casimir-Périer, en mai 1832. La protection de Paris et des grandes villes françaises contre les épidémies fut l'une des raisons majeures des grands travaux d'urbanisme et d'assainissement engagés par le Second Empire, auxquels reste attaché pour la capitale le nom du baron Haussmann. Les progrès de l'hygiène et de la médecine permirent de limiter les risques épidémiques, mais non de les éradiquer.

Le XXe siècle connut ainsi une des plus grandes pandémies de l'histoire avec la grippe espagnole de 1918-1919, dont l'effroyable bilan fut masqué par le premier conflit mondial et ses conséquences, de la ruine de l'Europe à la révolution bolchevique. Elle est attachée au virus H1N1 qui, venu de Chine, gagna les États-Unis puis fut disséminé dans le monde entier à une vitesse inédite par l'armée de deux millions d'hommes levée par l'Amérique, pour combattre les puissances de l'Axe. Elle ne doit sa qualification de « grippe espagnole » qu'à l'absence de participation de Madrid à la Grande Guerre, ce qui permit d'identifier la maladie et ses victimes, et d'en évoquer l'ampleur hors de la censure de l'information en vigueur chez les belligérants.

La pandémie fit le tour de la planète en moins d'un an, infectant le tiers de l'humanité et tuant 50 à 100 millions de personnes. Elle toucha particulièrement les adultes en bonne santé, souvent emportés en quelques heures. La seule Inde perdit de 12 à 17 millions d'habitants. Les États-Unis comptèrent 675 000 morts, soit beaucoup plus que les 116 000 soldats tués au combat durant la Première Guerre mondiale ; la France, 408 000 ; le Royaume-Uni, 228 000 ; et le Japon, plus de 400 000. L'amélioration de la santé publique avec la fin du conflit, le développement de l'immunité collective et la mutation du virus mirent fin au fléau à l'été 1919.

Les effets de la pandémie se confondirent avec les bouleversements qui marquèrent la fin de la Grande Guerre. La saignée démographique provoqua une pénurie de main-d'œuvre, comblée par le recours au travail des femmes, qui s'émancipèrent, et à l'immigration. Le déficit de production, la difficile reconversion de l'industrie de guerre et les dettes accumulées pour financer le conflit alimentèrent l'inflation. Le manque de main-d'œuvre et les percées technologiques réalisées durant les quatre années de guerre se traduisirent par un intense mouvement d'innovation, incarné par le développement de l'automobile, de l'aéronautique ou du cinéma. Parallèlement intervint une vague de lois sociales encadrant la durée du travail et améliorant ses conditions, instaurant des assurances collectives pour la santé et la vieillesse, créant enfin des logements sociaux. Il en résulta un essor des grandes agglomérations et des classes moyennes, tandis que les campagnes, dont la population avait été décimée, tendaient à végéter.

L'arrêt de la guerre et de l'épidémie déclencha simultanément un formidable mouvement de libération individuelle et de refus des règles et des contraintes collectives. Ce fut le temps des Années folles, marquées par une volonté frénétique de profiter de la vie dans toutes ses dimensions, par un besoin absolu de liberté allant jusqu'au refus de tout ordre public. Cette paix manquée fut aussi dominée par l'ensauvagement des sociétés et des relations internationales, sous la pression de la culture de guerre et de la refonte radicale des frontières européennes. La guerre mondiale et l'épidémie liquidèrent ainsi l'Europe libérale. Elles laissèrent aussi en héritage l'État total qui s'installa en Russie, avec la révolution bolchevique de 1917, s'enracina avec le fascisme en Italie dans les années 1920, puis envahit le continent avec l'Allemagne nazie.

Au total, ce n'est qu'en 1945, avec la reconnaissance des interventions de l'État pour réguler l'économie et assurer le plein-emploi, la mise en place des politiques de santé publique et des systèmes de sécurité sociale, la création du système de Bretton Woods et la fondation de l'OMS, que les grands pays développés apportèrent une réponse complète et cohérente à la terrible épidémie de la grippe espagnole, comme à la misère sociale créée par les grandes crises du capitalisme.

Leçons pour l'âge de l'histoire universelle

Winston Churchill aimait à rappeler qu'« un peuple qui oublie son passé se condamne à le revivre ». De même que les démocraties occidentales ont cultivé les illusions sur leur prétendue victoire sur le totalitarisme soviétique - qui s'est en réalité effondré de l'intérieur -, ou sur la capacité des marchés à s'autoréguler, elles ont voulu croire que les grandes épidémies appartenaient à l'histoire et que leurs systèmes de santé étaient à toute épreuve, alors même qu'elles se désengageaient des politiques de santé publique. Elles ont à la fois sous-estimé les risques et surestimé leur capacité de résilience. Et ce, au mépris des leçons que nous livre l'histoire des grandes épidémies.

Sur leurs causes, tout d'abord. Toutes les grandes épidémies se sont déclenchées au cœur de moments de prospérité économique, d'intense développement des échanges commerciaux et de forte urbanisation. Elles sont directement liées à la concentration et à la mobilité des hommes et des richesses. Par ailleurs, la plupart trouvent leur origine en Chine. Dès lors, le XXIe siècle, qui reste placé sous le signe de la mondialisation, présente tous les facteurs de risque. La population mondiale, qui atteindra 11 milliards d'hommes en 2100, s'entasse dans d'immenses agglomérations à proximité des côtes, dont la plupart sont des ports et dont certaines sont loin de disposer d'infrastructures sanitaires performantes. Dans nombre de pays émergents, ces gigantesques zones urbaines voient cohabiter les hommes avec les animaux vivants. Ces villes-mondes sont connectées par des transports rapides et intégrés, qui permettent à un virus de faire le tour du monde en quelques jours. La mondialisation dérégulée a débouché sur une dépendance du monde développé et des pays émergents à la Chine. Enfin, le développement intensif et l'urbanisation anarchique ont été accompagnés de l'effondrement de la biodiversité et des milieux naturels.

L'épidémie de Covid-19 ne relève donc ni du hasard ni de l'accident. Elle a été précédée d'alertes qui se sont multipliées depuis le début du siècle, du Sras au virus Ebola. Elle pourrait parfaitement être suivie d'une nouvelle pandémie aux effets bien plus dramatiques. La Covid-19 constitue en effet un danger très sérieux, mais sa létalité demeure relativement faible et ses victimes les plus nombreuses, contrairement à la grippe espagnole, se trouvent dans la partie la plus âgée de la population, et non parmi les jeunes, ce qui limite ses dommages pour la société. Il est donc vital de tirer les enseignements des failles majeures qui ont été constatées afin de préparer une réponse efficace à la prochaine épidémie qui pourrait se révéler autrement plus redoutable.

Sur leurs conséquences, ensuite. L'analyse des épidémies passées souligne leur rôle d'accélérateur de l'histoire, qu'il s'agisse des modèles économiques, des rapports sociaux ou des équilibres de puissance. À court terme, prévalent un effet de sidération et l'espoir d'un retour rapide à la situation de départ. À l'exception de la Première Guerre mondiale, un *statu quo* précaire s'impose dans le champ géopolitique, avec les difficultés rencontrées pour financer et déployer des forces armées, souvent très fortement touchées et vecteurs privilégiés des maladies. À long terme, cependant, les épidémies ont systématiquement transformé le monde, jusqu'à provoquer l'effondrement de sociétés et de civilisations entières, dans le cas de la conquête de l'Amérique. Au-delà des structures économiques et sociales, au-delà des rapports de force entre groupes et corporations ou entre États, elles modifient en profondeur les mentalités. Par ailleurs, la sortie de l'épidémie et la suspension temporaire des opérations militaires se traduisent par de rapides transformations de l'équilibre des puissances et de spectaculaires changements de leadership.

La Covid-19 ne fait pas exception. Dans l'immédiat, de mobilisations scientifiques pour la mise au point des vaccins en campagnes de vaccination, en plans de relance et en aides aux secteurs sinistrés, les États utilisent tous leurs moyens d'intervention et les outils à leur disposition pour stabiliser la situation. À terme, l'épidémie marque une rupture historique. Elle appelle les démocraties à une remise en question radicale, sous peine de voir la liberté au XXIe siècle suivre le communisme au XXe et s'effondrer de l'intérieur, sacrifiée par les citoyens à leur désir éperdu de sécurité. Démocratie, capitalisme, ordre international, Europe, France : tout est à reconstruire !

7
La reconstruction du capitalisme

> « La production du capitalisme engendre, avec l'inexorabilité d'une loi de la nature, sa propre négation. »
>
> Karl Marx, *Le Capital* (1867)

Après la destruction de Pompéi en 79, l'empereur Titus décida de distribuer la fortune des citoyens riches tués par la catastrophe et sans héritiers, aux réfugiés, y compris les anciens esclaves, pour aider à reconstruire la ville, tout en lançant un vaste programme d'infrastructures routières, de monuments publics, de bains et d'amphithéâtres dans la région. L'éruption fut ainsi suivie d'une période de développement rapide, porté par la reconstruction, par l'investissement public, par le double mouvement d'ascension sociale et de redistribution des richesses qui libérèrent les énergies.

La sortie de l'épidémie de Covid-19 nous place devant les mêmes dilemmes, à l'échelle de la planète. Le capitalisme n'a aujourd'hui plus d'autre choix que de se réinventer ou de disparaître. Le cycle de la mondialisation libérale est définitivement clos et un nouveau modèle doit émerger, comme ce fut le cas à la fin du XIXe siècle autour de la naissance de la grande entreprise et du lien salarial, en 1945 autour de la régulation keynésienne et de la fondation de l'État providence, à la fin des années 1970 avec la désinflation lancée par Paul Volcker à la tête de la Fed, les réformes libérales effectuées par Margaret Thatcher au Royaume-Uni et Ronald Reagan aux États-Unis, l'essor de la mondialisation enfin. Le capitalisme dispose en effet d'une étonnante plasticité et a montré une égale aptitude à provoquer des crises d'une rare violence et à les dépasser en modifiant son mode de régulation, tour à tour libéral, paternaliste, managérial, keynésien, actionnarial.

Les solutions ne peuvent s'inspirer du passé. Il n'existe pas de retour possible à l'économie administrée, à la social-démocratie ou à la régulation keynésienne. Il faut inventer une nouvelle norme qui permette de concilier innovation, inclusion et transition écologique. La sortie de l'épidémie de Covid-19 constitue une occasion unique pour ce faire. La généralisation du surendettement exige de la croissance. Simultanément, la pandémie a créé un contexte favorable à une nouvelle donne. Elle a déclassé une partie du capital et des emplois. Elle a formidablement accéléré la révolution numérique et l'innovation dans la santé ou l'intelligence artificielle, créant les conditions pour une augmentation de la productivité, pour peu que les infrastructures indispensables soient créées et, surtout, que tous les acteurs soient associés et mobilisés autour de la numérisation et de l'automatisation. Elle a transformé l'organisation du travail et des entreprises. Elle a profondément bouleversé les mentalités et les mœurs, frayant la voie à un changement dans la régulation du système économique.

La réinvention du capitalisme a vocation à se déployer selon trois horizons de temps : le court terme avec la protection des acteurs économiques et sociaux face aux conséquences de la pandémie ; le moyen terme avec la relance ; le long terme avec l'élaboration d'un nouveau modèle autour de quatre priorités - la transition écologique, la révolution numérique, la lutte contre la pauvreté et les inégalités, l'innovation. Les États-Unis de Joe Biden en ont donné le signal de départ. Et ce, grâce aux trois plans géants qui s'articulent autour du soutien de la consommation et de l'offre productive, de la réhabilitation des infrastructures et la transition écologique, de la reconstitution de la classe moyenne et l'investissement dans le capital humain.

Nouvelles Années folles ou reconstruction

La sortie de l'épidémie pourrait engendrer un boom comparable à celui des années 1920, à l'issue de la Première Guerre mondiale et de la grippe espagnole. Le retour à la paix et la conscience de sa fragilité - tout entière résumée par la formule de Paul Valéry dans *La Crise de l'esprit* (1919), « Nous autres, civilisations, savons maintenant que nous sommes mortelles » - débouchèrent sur une volonté enfiévrée de profiter de la vie. À la crise liée à la reconversion de l'économie de guerre en 1920-1921 succéda ainsi un cycle de forte expansion, marqué par une croissance de 3,6 % par an aux États-Unis, 3,1 % au Royaume-Uni - performance la plus faible en raison du calamiteux rétablissement de l'étalon-or par Winston Churchill, en mai 1925 -, 4,1 % en Allemagne et 4,2 % en France. Au cours de la décennie, la hausse de la production atteignit 50 % aux États-Unis et 60 % en Europe.

Les raisons du boom des Années folles sont multiples : les investissements requis par la reconstruction de l'Europe et la relance de l'urbanisation ; la réouverture des échanges et des paiements internationaux avec la reconstruction d'un système monétaire autour du Gold Exchange Standard ; l'accélération de la seconde révolution industrielle, amorcée à la fin du XIXe siècle autour de l'automobile, de l'aéronautique, de l'électricité et du pétrole, de la chimie, du cinéma et de la radio ; la concentration des entreprises et la rationalisation du travail qui générèrent des gains de productivité de 30 % au cours de la décennie ; la transformation des sociétés avec le nouveau rôle des femmes, la disparition de la bourgeoisie rentière et la montée des classes moyennes.

Or la configuration de la décennie 2020 présente des traits similaires. Le confinement de la moitié de l'humanité a créé une immense frustration, réduisant les voyages et les contacts avec autrui, nourrissant chez les citadins un violent désir de renouer avec la nature et la liberté de mouvement. Dans tous les pays, le relâchement des mesures sanitaires se traduit par une frénésie de consommation et de tourisme, et par un boom de la construction. Les ménages disposent des moyens de dépenser puisqu'ils ont accumulé une épargne forcée considérable, qui atteint plus de 1 000 milliards de dollars aux États-Unis. L'activité est surtout dopée par les plans de relance géants des États-Unis, dont la croissance s'envole pour atteindre 7 % en 2021, entraînant le reste du monde.

Au-delà de la conjoncture, l'épidémie de Covid-19 a donné un formidable élan au progrès scientifique dans les domaines clés de la santé avec la technologie de l'ARN messager, du numérique et de l'intelligence artificielle, avec les véhicules autonomes et la robotisation de la production. La réouverture des frontières crée un puissant appel pour la reprise des échanges, des investissements et du tourisme – d'autant que la mondialisation ne s'est pas effondrée comme le montre la vitalité du trafic maritime. Les entreprises se réorganisent pour répondre à la révolution numérique et à la transition écologique, avec pour illustration la conversion d'une rapidité inouïe de l'industrie automobile au véhicule électrique en attendant l'hydrogène. Les attentes, les habitudes et les modes de consommation sortent bouleversés des confinements, à l'image des restaurants qui se sont diversifiés pour intégrer la vente à emporter, la livraison, voire la cuisine à domicile, parfois une fonction d'épicerie. La conjonction des révolutions technologiques, de la réorganisation des entreprises et de la redéfinition du travail entre domicile et bureau pourrait dès lors faire décoller les gains de productivité, qui plafonnaient depuis le début du siècle autour de 1 % dans les pays développés.

Mais les chances et les risques du passage d'une récession historique au boom doivent aussi être mesurés à la lumière du destin des années 1920, qui préparèrent les tragédies de la décennie 1930, placées sous le signe de la grande dépression, des périls émanant des régimes totalitaires et de la marche vers la Seconde Guerre mondiale.

Sous la prospérité des Années folles se firent en effet jour d'immenses déséquilibres. Le développement fut très inégal suivant les secteurs d'activité et les pays. L'écart entre la production de masse et la consommation ne fut comblé que par le recours excessif au crédit, qui encouragea la spéculation, notamment sur le marché américain des actions – dont les cours s'envolèrent à partir de 1927, avant de s'écrouler en octobre 1929. L'incapacité à trouver une solution aux déficits, aux dettes et aux réparations issus de la guerre engendra l'inflation et fragilisa le système financier. Les rancœurs nées des traités de paix et l'absence de leadership mondial, acté par le refus du Congrès des États-Unis de ratifier le traité de Versailles, en 1919, qui tua dans l'œuf la Société des Nations, ne permirent pas d'équilibrer le système mondial.

Il ne fait pas de doute que la sortie de l'épidémie de Covid-19 peut ouvrir un cycle de forte croissance dont la clé est la relance des gains de productivité. Pour autant, la reprise est très inégale et hétérogène selon les entreprises, les secteurs et les pays. Elle dépend de l'accès à la vaccination et des capacités de stimulus budgétaire et monétaire de l'activité. Elle amplifie certains déséquilibres, à commencer par le surendettement des États. Pour éviter la réédition des années 1920, le capitalisme ne doit pas seulement être relancé mais bien reconstruit, en corrigeant ses dysfonctionnements chroniques depuis le début du XXIe siècle.

Le prix du carbone au service de l'impératif écologique

L'épidémie de Covid-19 a renforcé l'urgence écologique. Il existe un lien direct entre la recrudescence des épidémies et la dégradation des espaces naturels. Et la diversité des écosystèmes demeure le meilleur antidote contre les virus. Chacun comprend qu'il est absurde de dépenser des milliards de dollars pour trouver de la vie sur Mars, tout en la détruisant méthodiquement sur la Terre. Or, les confinements n'ont été qu'une parenthèse qui a réduit provisoirement de 4 à 7 % les émissions de gaz à effet de serre – recul plus que compensé par la hausse brutale qui accompagne la reprise. Leur trajectoire est inchangée : elle aboutit à une augmentation de la température qui pourrait atteindre, selon le sixième rapport du GIEC, 4,4 degrés d'ici à la fin du siècle par rapport au début de l'ère industrielle, au lieu de la cible de un degré et demi visée par l'Accord de Paris. Les événements extrêmes liés au réchauffement se multiplient, des incendies géants de Californie, du Canada, d'Amazonie, de Sibérie, d'Australie, d'Indonésie ou d'Europe méditerranéenne, aux inondations et aux sécheresses, aux cyclones et autres tsunamis. La capacité des océans et des forêts à absorber le carbone pourrait diminuer rapidement, accélérant la montée des eaux jusqu'à deux mètres, voire six mètres en cas de réaction en chaîne.

Simultanément, l'urgence impose de donner la priorité à la santé et à la relance, qui entraîne de vives tensions sur les matières premières et les transports, dont les prix s'envolent. Une tension croissante oppose l'écologie à la préservation de l'économie, de l'emploi et des modes de vie des citoyens. Elle a été illustrée, en France, par la Convention citoyenne sur le climat qui a débouché sur une loi aussi peu ambitieuse sur le plan climatique que dévastatrice pour l'économie et la société. Son échec annoncé constitue un réquisitoire sans appel contre les dangers de la démocratie directe, comme contre une vision de la transition écologique déconnectée de l'économie et du marché.

La transition écologique n'est pourtant pas une cause perdue. En témoignent les tournants qui sont intervenus coup sur coup, avec l'annonce faite par Xi Jinping que la Chine se donnait pour objectif de parvenir à la neutralité carbone en 2060, puis le revirement des États-Unis de Joe Biden. Non content de réintégrer l'Accord de Paris, celui-ci a organisé en avril 2021 un sommet sur le climat, au cours duquel il a pris l'engagement de réduire les émissions de gaz à effet de serre des États-Unis de 50 à 52 % d'ici à 2030, par rapport à leur niveau de 2005.

Les stratégies de transition écologique méritent d'être profondément repensées. Fondées sur l'autoritarisme, l'étatisme et le malthusianisme, elles sont vouées à l'échec. À l'idéologie, il faut substituer l'efficacité à partir de quelques principes clairs. Le péril mortel qui nous guette est le dérèglement du climat. La priorité doit donc être donnée à la réduction des émissions de gaz à effet de serre, et avant tout du carbone. Tout le reste en découle, à commencer par la préservation de la biodiversité. L'objectif ne peut être la décroissance, indissociable de la paupérisation des masses et de la montée de la violence, mais un nouveau modèle de développement liant haut rendement, inclusion sociale et décarbonation. Et celui-ci ne pourra voir le jour que s'il est adossé au progrès scientifique, à l'innovation et au marché : seuls ses mécanismes sont en effet assez puissants et rapides pour modifier les comportements de tous les acteurs, consommateurs et producteurs, épargnants et investisseurs, administrations, entreprises et ménages.

Trois instruments existent pour impulser et conduire la décarbonation de l'économie. Les deux premiers sont la réglementation et la fiscalité. Ils doivent être mobilisés pour accélérer le changement grâce aux normes ou pour pénaliser les activités et les produits, à l'image des plastiques. Mais ils ne peuvent avoir un rôle exclusif, ni même principal. Celui-ci revient au troisième instrument : l'instauration d'un prix du carbone. Il constitue le meilleur antidote aux destructions de l'environnement liées à la gratuité du rejet des émissions – dont l'illustration la plus emblématique demeure le recours intensif aux énergies fossiles. Le signal par les prix est universel. L'annonce d'une trajectoire à long terme permet par ailleurs d'intégrer la contrainte environnementale dans les décisions des consommateurs, des entreprises et des investisseurs. L'efficacité de la tarification du carbone a ainsi été démontrée en Suède et au Royaume-Uni, où son introduction en 2011 a entraîné une diminution de 15 % des émissions de 2012 à 2015 – contre 5 % dans le reste de l'Union – et l'éradication du charbon dans la production d'électricité.

L'idéal serait la mise en place d'un prix mondial du carbone. Il reste cependant très improbable qu'un accord international parvienne à se former sur son principe, son mécanisme et son niveau. Les réticences restent fortes aux États-Unis et en Chine, lesquels finiront cependant par recourir à ce mécanisme s'ils veulent respecter leurs objectifs de décarbonation. Pour l'heure, il faut viser la mise en place d'un prix du carbone par grands blocs régionaux. L'Union européenne, forte de l'expérience de certains de ses membres, peut jouer un rôle pilote. Elle devrait se doter d'une agence de la décarbonation, qui aurait cinq missions : le renforcement du marché européen des quotas d'émissions ; l'affichage et la défense d'un prix plancher cible de 50 euros par tonne en 2025 et 100 euros par tonne en 2030 – niveau retenu par la plupart des grands groupes, dont Total, pour leur planification stratégique ; la mise en place d'un ajustement carbone aux frontières pour garantir un cadre de concurrence équitable ; l'introduction du prix du carbone dans les normes comptables et dans la valorisation des portefeuilles et les actifs, avec la mesure du réchauffement climatique embarqué ; la redistribution des fonds collectés vers l'innovation, notamment dans les technologies de captation du carbone qui pourraient traiter jusqu'à 800 millions de tonnes à l'horizon 2030.

Le capitalisme du XXIe siècle doit réaligner capital humain, capital économique, capital financier et capital naturel. Pour cela, la transition écologique ne peut réussir que si elle est soutenable pour les finances des États, pour la rentabilité des entreprises, pour le niveau de vie et la liberté des citoyens. Voilà pourquoi elle se fera par le prix du carbone ou ne se fera pas.

L'innovation et la concurrence contre les rentes

Les deux premières décennies du XXIe siècle ont été marquées par un étonnant paradoxe. D'un côté, elles ont vu la révolution technologique la plus puissante et la plus rapide depuis le XVIIe siècle : la numérisation touche en effet tous les métiers et toutes les catégories d'emplois – y compris les postes de direction, de conception et d'encadrement, et pas seulement ceux d'exécution. De l'autre, les gains de productivité ont quasiment disparu dans le monde développé. L'explication est simple : la révolution numérique a été confisquée par des géants en situation de monopoles ou d'oligopoles qui ont construit de formidables rentes, captant les marges et bloquant l'innovation – notamment par le rachat de toute entreprise qui pourrait leur faire concurrence.

L'Internet chinois n'est pas un objet économique, mais politique. Il est au service du Parti communiste et de sa volonté d'hégémonie mondiale à l'horizon 2049. La

Chine a ainsi d'emblée instauré un contrôle d'Internet – assuré par une police qui compte deux millions d'agents. Elle a fermé ses frontières aux Gafam et soutenu la constitution de champions nationaux, adossés à son immense marché de 1,4 milliard de personnes qui constituent une mine inépuisable de données. Puis elle a brutalement réaffirmé le contrôle de Pékin sur les géants numériques en mettant au pas Alibaba et son charismatique fondateur, Jack Ma, contraint d'arrêter *in extremis* l'introduction en bourse d'Ant Group, puis d'accompagner son démantèlement forcé par la Banque de Chine. Le même traitement de choc a été appliqué à Didi, l'Uber chinois… au nom du bon accès du gouvernement aux données personnelles, puis à Tencent, géant des jeux vidéo qualifiés d'« opium mental » et de « drogues électroniques ». L'objectif reste le leadership de l'économie digitale et de l'intelligence artificielle, les monopoles technologiques verrouillant le monopole politique du Parti communiste. Ce modèle est dupliqué sur un mode très dégradé par la Russie, qui poursuit depuis 2014 la construction d'un Internet souverain contrôlé par le ministère de la Communication, Roskomnadzor.

Du côté américain, sous couvert de liberté et de neutralité du Web, les Gafam se sont érigés en une hyperpuissance technologique hors de tout contrôle, que ce soit celui de l'État, du droit ou des citoyens. Ils fonctionnent comme une alliance de monopoles qui, par leur taille et leur avance technologique, concentrent un formidable pouvoir de marché en quadrillant l'économie numérique : Google et Apple équipent 99 %

des téléphones portables ; Google accapare 90 % du marché des moteurs de recherche ; Amazon opère la moitié des ventes en ligne aux États-Unis ; Google et Facebook se partagent les deux tiers de la publicité en ligne ; Facebook collecte et exploite en toute opacité les données de 2,4 milliards d'individus. Les plateformes numériques ont ainsi accaparé aux États-Unis 5 à 10 % de la consommation des ménages. Les Gafam disposent par ailleurs d'une force de frappe financière phénoménale qui a été encore accrue par l'épidémie. Ils représentaient 10 % de la capitalisation boursière des États-Unis en 2019 et 20 % en 2020, ce qui leur permet de racheter toute entreprise qui pourrait rivaliser avec eux, pour intégrer ou annihiler sa technologie.

Les grandes plateformes numériques constituent aussi un pouvoir politique par leur connaissance intime de chaque individu. Qui maîtrise les données contrôle aujourd'hui l'économie et la société, donc potentiellement les choix publics. Les Gafam sont en position d'influencer les opinions et les élections mais aussi d'investir dans les politiques publiques, créant un risque d'autocratie numérique. Ainsi Mark Zuckerberg projette de concurrencer les États en lançant une cryptomonnaie privée mondiale, le Libra, rebaptisé le Diem fin 2020. Apple, Google et Amazon entrent dans le domaine de la santé via la gestion des données médicales, offrant d'améliorer les soins, la prévention ou les essais cliniques au prix de leur mainmise sur les données de santé.

Ce n'est pas le protectionnisme qui permettra de restaurer la croissance et le plein-emploi, mais la concurrence et l'innovation qui, seules, peuvent relancer la productivité. Les percées scientifiques sont bien présentes dans les secteurs du numérique, de l'intelligence artificielle, de la santé ou de l'éducation, du transport écologique avec le développement des batteries et des moteurs à hydrogène. Il reste à leur permettre d'exprimer tout leur potentiel en les inscrivant dans un cadre de régulation, de concurrence et de fiscalité favorable à la croissance et aux percées technologiques. Force est ainsi de constater que Tesla, qui est en compétition ouverte avec les acteurs traditionnels de l'automobile et de l'aérospatiale, ou Amazon, qui fait face aux canaux classiques de distribution, sont autrement plus innovants que Google ou Facebook.

Le positionnement des plateformes numériques et des réseaux sociaux hors du droit et de la fiscalité est par ailleurs devenu intenable. Il est contesté par les utilisateurs, qui demandent des comptes sur le pacte faustien qui les voit aliéner leurs données en échange d'une illusoire gratuité des services, par les collaborateurs des plateformes, par les États qui ne peuvent plus rester indifférents à l'évasion fiscale, au pillage des données, à la désinformation, à la mobilisation des réseaux sociaux par les djihadistes et les démocratures.

Un premier tournant est intervenu en 2016. L'Union européenne, dont le grand marché est vital pour les Gafam - exclus de Chine et d'Inde -, a institué le premier régime de protection des données personnelles en mai 2018, qui est devenu une norme internationale. Puis elle a lourdement sanctionné les Gafam pour la violation des règles de concurrence et les pratiques d'évasion fiscale. Aux États-Unis, l'élection présidentielle conclue par la victoire de Donald Trump a créé un électrochoc en dévoilant l'ampleur des interférences de la Russie via les réseaux sociaux et la manipulation de 87 millions de données d'utilisateurs de Facebook par Cambridge Analytica.

La donne est en passe de changer définitivement. Aux États-Unis, l'élection de 2020 a provoqué un nouveau choc avec la décision unilatérale de Twitter et Facebook de suspendre les comptes de Donald Trump, après sa défaite et la prise d'assaut du Capitole. Rompant avec de longues années d'apathie, le département de la Justice et l'autorité de la concurrence - Federal Trade Commission -, appuyés par nombre d'États fédérés, ont lancé une myriade d'enquêtes sur les pratiques des Gafam. L'administration Biden a fait de la remise en route des règles de concurrence et de leur application au secteur numérique l'une de ses priorités, avec la transition écologique, pour favoriser l'émergence d'un capitalisme soutenable. En assumant que la réintégration des Gafam dans le droit et la concurrence passe moins par la multiplication des amendes que par le démantèlement de Google, la cession par Facebook de ses autres messageries - Instagram, Messenger et WhatsApp -, ou encore l'interdiction du rachat systématique des start-up qui pourraient devenir des concurrents. Parallèlement, l'Union européenne, sous l'autorité de Thierry Breton, a entrepris d'élaborer et d'appliquer un cadre de régulation complet aux plateformes numériques. Enfin, sous l'égide de l'OCDE, se dessine un accord international sur un taux minimum de 15 % de l'impôt sur les sociétés, qui a vocation à s'appliquer aux géants du numérique.

Si le secteur numérique est clé, le renouveau de la concurrence a vocation à concerner l'ensemble des activités économiques, notamment les services. Le jugement d'Adam Smith, dans ses *Recherches sur la nature et les causes de la richesse des nations* (1776) conserve toute sa justesse : « Pour favoriser les petits intérêts d'une petite classe d'hommes dans un seul pays, [le monopole] blesse les intérêts de toutes les autres classes dans ce pays-là, et ceux de tous les hommes dans tous les autres pays. » La dérive des Gafam rappelle que la constitution de monopoles non régulés représente un danger majeur pour l'économie et la société, comme les États-Unis l'ont acté avec le vote du Sherman Act, dès 1890, puis le démantèlement de la Standard Oil de John D. Rockefeller, en 1911, puis d'ATT en 1984. Dans le même temps, face aux défis de la révolution numérique et du total-capitalisme chinois, le rétablissement de la concurrence ne doit pas être mis au service d'un encadrement bureaucratique paralysant, mais bien de la recherche et de l'innovation.

Cela est tout particulièrement vrai pour l'Europe, qui a ruiné en quelques années le leadership dont elle disposait au début du siècle dans les télécommunications, pour devenir totalement dépendante des États-Unis et de la Chine dans le domaine numérique. Il est très difficile de revendiquer le rôle de laboratoire de la régulation et de la fiscalité numériques en étant coupé de la production et de l'innovation. Et le secteur de la santé a dramatiquement souligné, à l'occasion de l'épidémie de Covid-19, l'ampleur des risques pour la sécurité et la résilience d'une nation ou d'un continent qui naissent de la délocalisation systématique de son industrie et de sa recherche. Réguler et taxer est indispensable. Mais il faut pour cela produire et innover.

La lutte contre la pauvreté et les inégalités

La mondialisation, le capitalisme de bulles et la révolution numérique ont provoqué une violente polarisation au sein des pays développés, déstabilisant les classes moyennes, créant une classe de super-riches et un précariat composé pour beaucoup de femmes, de jeunes, de non-qualifiés, d'immigrés, de travailleurs de l'économie informelle. À l'exception de la France, le partage de la valeur ajoutée s'est déplacé de quatre à cinq points en faveur du capital et au détriment du travail. Le salariat s'est effrité avec l'éclatement des entreprises et des emplois, reculant devant la montée des indépendants. Les plateformes ont réhabilité le travail à la tâche en externalisant l'exécution des services vers des auto-entrepreneurs. La situation est devenue critique aux États-Unis où 1 % de la population détient 21 % des revenus et 31 % du patrimoine, soit un niveau d'inégalité comparable à celui du XIXe siècle.

Le krach de 2008 est né de ces tensions, les *sub-primes* étant destinées à solvabiliser de manière artificielle la partie de la population américaine qui n'avait pas accès aux crédits immobiliers du fait de ses revenus. L'afflux des liquidités déversées par les banques centrales pour éviter une déflation mondiale a ensuite aggravé les inégalités en provoquant une inflation des actifs qui a bénéficié aux plus riches. Les écarts de revenus n'ont cessé de se creuser, avant tout aux États-Unis, où la rémunération des dirigeants atteint désormais trois cent vingt fois celle du salarié moyen, contre soixante et une fois en 1989 – situation que rien ne peut justifier et qui est insoutenable.

Puis l'épidémie de Covid-19 a montré que la résilience de la nation tenait à un fragile fil de soie, qui était entre les mains des travailleurs précaires : soignants, infirmiers, aides à domicile, caissières, logisticiens, chauffeurs, livreurs. Simultanément, elle a souligné aux États-Unis les risques liés à l'absence de couverture de santé généralisée et à sa subordination au contrat de travail – l'explosion du chômage privant ainsi de droits des millions de familles en pleine épidémie. Elle a aussi provoqué une brutale augmentation de la pauvreté du fait des destructions massives d'emplois et de la mise à l'arrêt du secteur informel. Enfin, elle a creusé le fossé entre les générations, les jeunes acquittant le prix économique et social le plus lourd à la lutte contre l'épidémie, alors que les mesures sanitaires ont privilégié la protection de la population la plus âgée qui était la plus vulnérable à la Covid-19.

Nul ne peut contester que l'implosion de la classe moyenne et la constitution d'un précariat présentent un danger majeur pour le capitalisme comme pour la démocratie. La concentration excessive des revenus et des richesses provoque une insuffisance de la demande et des tensions sociales endémiques incompatibles avec une économie performante. Elle représente une dilapidation absurde du capital humain. Par ailleurs, les frustrations nourrissent la colère et la violence, qui bénéficient en priorité aux populismes.

Il est donc indispensable de réintégrer la stabilisation de la classe moyenne, l'intégration des jeunes et la lutte contre les inégalités parmi les objectifs de premier rang de la politique économique. Les inégalités et la pauvreté ne constituent en aucun cas une des conditions requises pour la croissance et l'innovation mais bien, au contraire, un obstacle majeur. La lutte contre le précariat participe aujourd'hui à une condition pour la survie du capitalisme et de la démocratie.

Dès lors, doivent être combinées des mesures défensives et offensives. Au plan défensif, la consolidation du lien salarial, notamment pour les nombreux travailleurs des plateformes numériques qui se trouvent dans une situation de dépendance face à leurs donneurs d'ordre, la réévaluation des rémunérations des travailleurs de première et seconde lignes, la fixation d'un revenu minimum décent. Au plan défensif encore, le retour à une fiscalité juste et progressive - problème que l'administration Biden a entrepris de corriger en programmant la hausse de l'impôt sur les sociétés et du taux marginal de l'impôt sur le revenu, et qui connaît une avancée historique avec l'instauration au sein de l'OCDE d'un taux minimum de 15 % pour l'impôt sur les sociétés.

Au plan offensif, l'expérimentation d'un revenu minimum, y compris pour les jeunes, avec, pour contrepartie, l'exercice d'une activité, la poursuite d'études ou le suivi d'une formation. Au plan offensif toujours, un investissement massif dans l'éducation, la formation et la santé, qui constituent des biens premiers essentiels pour la qualité de la vie comme pour la compétitivité de l'économie. Dans une économie de l'innovation, le capital humain constitue plus que jamais la véritable richesse des entreprises et des nations.

Le capitalisme de raison d'être

La sortie de l'épidémie voit les entreprises écartelées. À court terme, l'« hélicoptère monétaire » débridé des banques centrales et les taux d'intérêt négatifs poussent le capitalisme financier vers les pires excès et préparent méthodiquement un nouveau krach. Dans le même temps, chemine à l'intérieur des entreprises un nouveau modèle, en rupture avec le capitalisme actionnarial qui a dominé depuis la fin des années 1970.

Les signaux d'une embardée spéculative sur les marchés financiers se multiplient. Leur déconnexion d'avec l'économie est illustrée par la hausse de 17,8 % du S&P et de 43,6 % du Nasdaq en 2020, année où l'économie mondiale a connu une récession de 4,2 %. La numérisation de l'économie n'est qu'une excuse commode, comme le furent les nouvelles technologies en 2001 ou la présumée stabilité de l'immobilier en 2008. Tous les signes annonciateurs d'une secousse financière se trouvent réunis. Tout d'abord, l'afflux des particuliers favorisé par les réseaux sociaux, comme en 1929 quand Joseph P. Kennedy fit fortune en vendant tout son portefeuille après avoir interrogé un cireur de chaussures sur les actions dans lesquelles investir. Ensuite, le nombre record de 480 introductions en bourse à Wall Street, dont 250 SPACs - Special Purpose Acquisition Companies -, sociétés sans objet défini qui ont collecté 88 milliards de dollars pour acheter des sociétés non cotées dont les cours s'envolent. Puis les excès des ventes à découvert, dont les montants peuvent dépasser plusieurs fois la capitalisation de la société et qui sont à l'origine du krach de GameStop ou de la faillite du fonds Archegos de Bill Hwang - holding familiale qui s'est effondrée après avoir pris, sans être contrôlée, des positions risquées portant sur plus de 100 milliards de dollars. Enfin, la multiplication des scandales et des fraudes, avec les faillites en chaîne de Wirecard, Greensill et Archegos.

Comme en 2007, les marchés financiers ne sont plus gouvernés dans les pays occidentaux par l'analyse de l'activité économique ou de la valeur des sociétés, mais par l'expansion monétaire illimitée des banques centrales. Ils se détournent de leur fonction qui est de mobiliser des fonds au service des entreprises, d'apprécier leur valeur et d'anticiper l'évolution de l'activité, pour se transformer en vastes casinos. L'urgence devrait aller désormais non plus au déversement de liquidités supplémentaires, mais à l'assainissement de l'économie de bulles qui prépare la prochaine crise.

Force est de constater que la Chine en a pris conscience. Avec la brutalité propre à son système totalitaire, elle anticipe la prochaine crise en réprimant la spéculation. Au-delà de la volonté de punir Jack Ma pour sa critique des autorités, la reprise en main d'Alibaba et Ant répond à la volonté de Pékin de conserver le contrôle des marchés et de la finance numériques. Elle s'accompagne d'un effort pour maîtriser désormais la liquidité. Le paradoxe veut que ce soit aujourd'hui Pékin qui tire les conclusions de l'avertissement prophétique lancé par Maurice Allais dans *La Crise mondiale d'aujourd'hui* (1999), selon lequel : « Le mécanisme actuel de la création de monnaie par le crédit est certainement le « cancer » qui ronge irrémédiablement les économies de marchés de propriété privée. »

Les dérives de la finance sont indissociables du capitalisme actionnarial qui a émergé à la fin des années 1970. C'est bien cette norme qu'il convient de modifier en cessant de confondre l'entreprise avec ses seuls actionnaires, pour la redéfinir comme un nœud de contrats essentiels impliquant également ses salariés, ses clients, son environnement, les autorités de régulation, les pouvoirs publics. Cette évolution majeure se dessine avec l'affirmation de la raison d'être ou de la mission des entreprises, qui les engagent au-delà de la propriété de leur capital ou de leurs résultats à court terme. Elle constitue un pan essentiel d'un nouveau contrat économique et social, fondé sur la réorganisation du travail autour de la réarticulation de la vie personnelle et professionnelle, d'une plus grande autonomie des salariés, d'un management moins hiérarchique et plus responsable, sur un partage plus équitable de la valeur ajoutée, sur la prise en compte du capital environnemental à côté du capital financier.

La redéfinition du capitalisme par les entreprises n'a rien d'utopique. Elle est inévitable car elle est dictée par les attentes des consommateurs, des salariés et des investisseurs avant même de répondre aux exigences des pouvoirs publics. Ses instruments sont à la fois juridiques, comptables avec la réintégration dans l'évaluation des performances des critères de soutenabilité sociale et environnementale, financiers avec la montée en puissance de la finance durable, la modification des normes prudentielles, la prise en compte par les banques centrales dans leur politique de rachats d'actifs de l'impact des entreprises sur le réchauffement climatique. Cette révolution est déjà en marche avec la revendication des grand investisseurs mondiaux d'obliger les sociétés à se doter de plans de transition climatique et d'organiser chaque année un vote des actionnaires sur leur avancement.

Cette dynamique se cristallisera, là encore, autour de grands blocs régionaux. Il est donc vital pour le capitalisme européen, s'il veut éviter de passer définitivement sous le contrôle des États-Unis ou de la Chine, que l'Union se dote rapidement d'un cadre autonome en déterminant des lignes directrices pour la gouvernance et la rémunération des dirigeants, des principes communs de fiscalité, des règles de conformité et de diligence, des normes comptables et prudentielles, des éléments précis pour l'information financière et non financière, notamment les critères de responsabilité sociale et environnementale.

L'État entrepreneur et les écosystèmes innovants

L'épidémie de Covid-19 a clos le cycle de politique économique libérale ouvert en 1979 et placé sous le signe de la diminution des interventions de l'État, de la dépense et des prélèvements publics, d'une part, de l'indépendance des banques centrales et de la désinflation, d'autre part. Le rôle de l'État redevient central, non seulement comme pilote de la conjoncture, mais comme réassureur du revenu des ménages et de la pérennité des entreprises, ainsi que comme financeur de la recherche et de l'innovation. Les limites fixées aux dépenses et à la dette publiques ont volé en éclats. Simultanément, nous sommes entrés dans l'ère de l'« hélicoptère monétaire » : terme imaginé par Milton Friedman en 1969 pour désigner le financement direct, illimité et sans contrepartie par les banques centrales de tous les acteurs de l'économie : États et banques, mais aussi ménages et entreprises. Les banques centrales sont ainsi devenues les premiers acheteurs de dettes publiques et privées dans le monde développé, ce qui couple politique monétaire et budgétaire, les plaçant ainsi dans la dépendance des gouvernements.

Les États-Unis de Joe Biden sont très symboliques de ce nouveau paradigme. Trois plans de relance géants sont consacrés au soutien des ménages et des entreprises, à la modernisation des infrastructures et à la transition écologique, à la consolidation de la classe moyenne et au renforcement du capital humain. Le financement est assuré, à court terme, par la hausse de la dette publique rachetée par la Fed et, à moyen terme, par une augmentation de la fiscalité sur les entreprises et sur les plus aisés. Le risque d'un regain de l'inflation est assumé avec, pour objectif, de le reporter sur le reste du monde s'il se réalisait.

La violente récession provoquée par les mesures de lutte contre l'épidémie, en 2020, comme le risque de déflation mondiale en 2009 n'ont pas laissé d'autre choix que de gonfler par deux fois de 20 points de PIB la dette publique des pays développés. Mais cette configuration est insoutenable et serait fatale aux économies de marché, si elle devait s'inscrire dans la durée. La réduction du secteur privé et la suppression de toute invitation à la maîtrise des dépenses provoqueront inévitablement des défauts souverains - risque qui a commencé à se matérialiser en 2020, avec la faillite de six États. Par ailleurs, le déversement croisé de dépenses publiques et de liquidités des banques centrales rend inéluctable un regain de l'inflation, synonyme de hausse des taux d'intérêt et donc de multiplication des défauts d'entreprises et d'État.

Pour ces raisons, il est vital d'assurer la soutenabilité des dettes publiques, ce qui suppose que les taux d'intérêt restent inférieurs à la croissance nominale. Voilà pourquoi la remontée du rôle de l'État dans l'économie doit être accompagnée d'une profonde évolution de ses missions autour de deux priorités. La première concerne la résilience de la nation, c'est-à-dire la capacité à assurer la continuité de la vie nationale en toutes circonstances. Elle passe par une conception globale de la sécurité des démocraties, qui inclut la réduction de la dépendance aux démocratures, notamment la Chine, pour la fourniture des biens essentiels et par l'amélioration des services de base. Au-delà de l'État régalien, ils concernent au premier chef la santé et l'éducation.

La seconde touche au nouveau rôle de l'État comme investisseur et entrepreneur dans les domaines de la recherche et de l'innovation. Il est intéressant de relever que le naufrage des États-Unis dans le domaine de la santé publique face à l'épidémie a été contrebalancé par leur remarquable performance dans le domaine de la recherche sur les vaccins, puis de l'organisation de la campagne de vaccination. Et ce, parce que l'État fédéral, à travers la Defense Advanced Research Projects Agency (Darpa), la Biomedical Advanced Research and Development Authority (Barda) ou encore la National Aeronautics and Space Administration (Nasa), finance massivement la recherche effectuée par les entreprises. Tout comme dans le domaine des vaccins à ARN messager, le renouveau de l'espace est indissociable d'une floraison d'innovations portées par SpaceX d'Elon Musk et Blue Origin de Jeff Bezos. L'innovation est plus que jamais impulsée par les entrepreneurs et le secteur privé. Il revient à l'État de les aider à porter les risques, notamment pour les activités les plus disruptives ou pour les paris à très long terme qui vont au-delà du temps des marchés financiers.

La seule sortie de crise durable passe par une croissance intensive et durable. Et celle-ci ne peut provenir que de l'accélération du progrès scientifique et de l'innovation ; avec, pour corollaire, un formidable effort d'éducation pour disposer d'un vivier de talents et de cerveaux alimentant la recherche, mais aussi pour préparer les citoyens aux ruptures technologiques, sociales et environnementales qui vont s'imposer. Le réamorçage de la croissance passe également par la remise en marche du système des échanges et des paiements mondiaux, ce qui suppose d'instaurer une coopération entre les blocs régionaux qui structurent désormais la mondialisation.

Au total, c'est bien un nouvel équilibre entre l'État et le marché qui doit émerger. D'un côté, la réaffirmation du rôle de garant ultime de la sécurité des citoyens et de régulation des entreprises par la puissance publique, mais aussi son redéploiement comme investisseur et entrepreneur tourné vers l'infrastructure scientifique, l'innovation et l'éducation. De l'autre, l'extension du domaine d'intervention des entreprises, y compris dans la santé, l'éducation, la sécurité, la gestion des villes et des réseaux, allant de pair avec l'élargissement de leur responsabilité aux aspects sociaux et environnementaux.

* *
*

Nous n'avons pas le droit de laisser perdre l'occasion de la sortie de l'épidémie de Covid-19. Il ne faut pas rééditer les erreurs commises au lendemain du krach de 2008, quand le choix fut effectué de relancer l'économie de bulles sans remédier aux dysfonctionnements du capitalisme mondialisé dans sa version dérégulée. Il convient moins encore de céder aux utopies mortifères de la décroissance, synonyme de paupérisation et de montée de la violence, au moment où la population mondiale s'apprête à passer de 7,8 à 11 milliards d'hommes.

Le capitalisme participe de la solution pour peu qu'il soit profondément réformé afin de le remettre au service d'une croissance soutenable. Le marché n'est pas l'ennemi mais bien le meilleur allié de la transition écologique. Mais il faut pour cela faire émerger une nouvelle norme de capitalisme à la fois durable, inclusif et stable.

Pour réduire les fractures qui menacent la cohésion des nations comme l'ordre mondial, il convient tout à la fois de consolider la classe moyenne des pays développés, de poursuivre le décollage du monde émergent, de préserver la dynamique de la mondialisation, tout en réduisant ses déséquilibres. Sous la fermeture des frontières, le protectionnisme et le nationalisme, l'épidémie de Covid-19 a rappelé combien les hommes du XXIe siècle dépendent les uns des autres, depuis la diffusion du virus jusqu'à la découverte des vaccins la plus rapide de l'histoire et la nécessité de les mettre à la disposition de l'ensemble de l'humanité pour éradiquer la maladie.

Le capitalisme inclusif constitue la réponse aux déséquilibres de la croissance faible, de la disparition des gains de productivité et de la paupérisation des classes moyennes observés depuis le début du siècle, comme au défi chinois. Il appelle un modèle de mondialisation effectivement régulée, qu'il s'agisse de réciprocité des échanges, de protection des investissements, de la propriété intellectuelle ou des données, de fiscalité, de garantie des biens communs globaux - tels que les forêts, les océans ou les pôles. Il passe, comme en 1945, par la redéfinition du triangle que constituent l'État, le marché et la société au sein de chaque nation, en fonction de ses structures, de son histoire et de ses valeurs. Avec Joe Biden, les États-Unis ont entrepris de combler le retard qu'ils avaient accumulé - y compris sur la Chine - en matière de soutenabilité sociale et environnementale, et ont repris potentiellement de l'avance sur nombre de pays développés. Mais il n'existe aucune norme universelle : chaque nation doit s'adapter en fonction de son génie propre, étant entendu que celles qui choisiront de ne pas le faire seront marginalisées.

Enfin, les institutions et les règles ne suffiront pas sans un changement de mœurs et d'état d'esprit. La modification profonde du mode de régulation a pour condition la confiance et l'engagement des acteurs économiques et sociaux. Celle-ci demande une forte capacité de leadership à la tête des entreprises et des nations, qui doit être fondée sur l'efficacité mais aussi et surtout sur l'éthique. Au XXIe siècle, plus que jamais, on ne fera pas de capitalisme uniquement avec de la morale, mais on n'en fera pas du tout sans morale. C'est aussi la chance des démocraties !

8

La reconstruction de la démocratie

> « La liberté n'existe pas sans la morale, ni la morale sans foi. »
>
> Alexis de Tocqueville,
> *De la démocratie en Amérique*, t. II (1840)

Les démocraties doivent tirer toutes les conclusions de l'épidémie. De ce qui a failli comme de ce qui a réussi. Au titre de ce qui a failli : l'autoritarisme, l'étatisme, le centralisme, la bureaucratie, l'infantilisation des citoyens. Au titre de ce qui a réussi : l'anticipation stratégique et la vitesse de réaction des autorités publiques, la résilience et la créativité de la société civile, la mobilisation maximale des technologies de l'information, l'innovation avec les vaccins à ARN messager.

L'objectif consiste à reconstruire un modèle politique apte à relever les formidables défis du XXIe siècle : révolution numérique et conversion écologique, mais aussi vieillissement de la population, montée des inégalités et polarisation des nations, menace du total-capitalisme chinois et des démocratures, corruption par les populismes et la démocratie illibérale. Pour cela, la sortie de l'épidémie doit être mise à profit pour repenser le fonctionnement des démocraties. Au-delà de la reformulation du pacte économique et social, il faut réengager les citoyens dans la vie publique, ressouder les nations, réordonnancer les alliances qui ne peuvent plus être organisées autour de la seule garantie de sécurité des États-Unis. Lors des grandes crises, la tentation est forte de sacrifier la liberté dans l'espoir d'obtenir plus d'autorité des institutions, de vigueur de l'économie ou de sécurité. Le moindre des paradoxes n'est pas que nombre de démocraties se sont davantage inspirées, avec les confinements rigides, des méthodes du totalitarisme chinois - qui porte une responsabilité directe dans la pandémie et qui ne l'a maîtrisée qu'au prix de la mise en place d'un Big Brother numérique -, que de Taïwan. Pourtant, l'île nationaliste a montré qu'il était possible de contenir le virus tout en respectant les libertés individuelles.

De fait, la solution aux dysfonctionnements de la démocratie ne réside pas dans la restriction des droits mais dans leur renforcement et leur remise en cohérence, comme ce fut le cas après la Seconde Guerre mondiale. Les démocraties, régime conservateur par nature, réagissent aux chocs historiques plutôt qu'elles ne les anticipent ; mais elles conservent d'immenses ressources et d'étonnantes capacités de rebond, pour autant qu'elles parviennent à mobiliser leurs citoyens et à opposer un front commun à leurs adversaires.

Fragile démocratie

Depuis son invention par Athènes, la démocratie est mortelle. Et le premier risque qui pèse sur elle est intérieur, lié à sa corruption par la démagogie et les passions collectives. La démocratie athénienne fut éphémère, puisqu'elle naquit en - 461 et disparut en - 404, à la suite de sa défaite définitive face à Sparte. La démocratie réémergea en Europe à partir du XVIIe siècle, au croisement de l'État moderne inventé pour sortir des guerres de religion, de la révolution industrielle et de la philosophie des Lumières, servie par l'imprimerie. Elle se cristallisa autour de trois grandes révolutions : les deux révolutions anglaises de 1649 et 1689, qui actèrent le régime parlementaire ; l'américaine, qui consacra en 1787 la Constitution et les contre-pouvoirs ; la Révolution française qui, en 1789, proclama la souveraineté nationale et l'universalité des droits de l'homme. En plus des États-Unis, la société démocratique gagna progressivement en Europe et dans le monde occidental au XIXe siècle, puis sur tous les continents, au fil des vagues de décolonisation qui succédèrent à chacune des trois guerres mondiales du XXe siècle.

Si la démocratie s'est largement développée, elle n'a jamais été majoritaire parmi les États et a toujours dû affronter de puissants adversaires qui contestaient son principe, notamment les sociétés d'Ancien Régime au XIXe siècle et les totalitarismes au XXe siècle. Mais ses plus grandes difficultés furent intérieures, liées à la fragilité intrinsèque qui résulte de la tension entre la liberté et l'égalité, de la complexité de ses institutions et de ses procédures, de la vulnérabilité des citoyens face aux passions collectives et à la séduction des démagogues.

L'histoire de la démocratie est ainsi indissociable de ses crises. En 1848, des soulèvements en chaîne balayèrent l'Europe de la France – qui vit l'échec de la monarchie constitutionnelle – à la Russie, sous le choc du capitalisme industriel avec son cortège de chômeurs et de misère urbaine, des aspirations liées au principe des nationalités et de la naissance du socialisme. À la fin du XIXe siècle, une fièvre populiste gagna y compris les États-Unis, en raison d'une longue déflation, ainsi que de la montée du protectionnisme et du nationalisme : elle se traduisit en Europe par une flambée d'antisémitisme, dont l'affaire Dreyfus demeure le symbole. Dans les années 1930, la démocratie qui avait semblé s'imposer contre les empires, en 1918, connut un spectaculaire recul sous le feu croisé de la grande dépression et des totalitarismes. La sortie de crise n'intervint qu'après la Seconde Guerre mondiale, avec, d'une part, le renouveau du pacte économique et social grâce à la mise en place des États providence et de la régulation keynésienne, et, d'autre part, la réassurance du capitalisme et de la sécurité des nations libres par les États-Unis, grâce au réseau des traités de commerce et des alliances stratégiques. À partir de 1989, la chute du mur de Berlin et la désintégration de l'empire soviétique débouchèrent sur une poussée démocratique qui s'est enrayée, puis inversée au XXIe siècle sous la pression du terrorisme islamiste, du krach de 2008, puis de l'épidémie de Covid-19.

Ces grandes secousses qui ont ébranlé la démocratie jusqu'à être proches de l'emporter, présentent des points communs : chocs sur le système économique et révolutions technologiques ; déstabilisation des classes moyennes et décohésion des sociétés ; évolution rapide de la hiérarchie des puissances et exacerbation des rivalités entre elles ; paralysie des institutions et faiblesse du leadership. Or, force est de constater que tous ces facteurs se trouvent de nouveau réunis au début des années 2020, qui voit le *demos*, peuple organisé de citoyens libres et responsables, se décomposer en *laos* - coalition inflammable d'individus atomisés. Voilà pourquoi il est grand temps de rompre avec le déni qui a longtemps entouré la menace du total-capitalisme chinois, le défi djihadiste ou la démagogie des partis et des dirigeants populistes. Voilà pourquoi le temps n'est plus aux discours moralisateurs mais à l'action, pour réaffirmer les valeurs et reconstruire les institutions de la démocratie.

Un nouveau pacte économique et social fondé sur l'inclusion

La promesse démocratique repose sur un alliage complexe qui comprend la liberté politique mais aussi l'égalité entre les citoyens et la sécurité, avec l'existence d'un ordre public garanti par l'État. Elle fut renouvelée après 1945, dans le cadre de la société industrielle, par un contrat économique et social associant la généralisation du salariat, un système de relation du travail protecteur des salariés, une répartition de la valeur ajoutée affectée à hauteur des deux tiers aux revenus du travail, la mise en place des États providence, et une mobilité sociale ascendante enfin. Cette norme fut progressivement remise en cause à partir des deux dernières décennies du XXe siècle par la mondialisation. La révolution numérique et l'essor des plateformes digitales, la baisse des gains de productivité, le surendettement des États et l'inefficacité croissante des systèmes de protection sociale devant les nouveaux fléaux sociaux ont déstabilisé la société salariale.

La démocratie n'est pas compatible avec la décroissance ; elle est indissociable de la prospérité et de sa juste répartition. Pour être soutenable écologiquement mais aussi socialement, la croissance doit être réarrimée au progrès social. Or, l'État providence ne saurait y suffire car il échoue à prendre en compte les trajectoires individuelles qui sont au cœur des problèmes sociaux contemporains. L'épidémie de Covid-19 a souligné combien il était important pour la résilience d'une nation de disposer d'un système de soins performant et d'une couverture de santé universelle. Les retraites sont fondamentales pour l'équilibre des sociétés développées, à la condition de pouvoir résister au vieillissement accéléré de la population. L'indemnisation du chômage est indispensable pour faire face aux chocs de plus en plus fréquents et violents de la conjoncture.

Mais il s'agit essentiellement de politiques passives qui entendent réparer plus que préparer l'avenir, à l'exception du modèle de flexisécurité des pays d'Europe du Nord qui lie modernisation des entreprises, modification de la structure des emplois, accompagnement et formation systématique des salariés. Ces droits sociaux sont par ailleurs lacunaires, ne couvrant pas la partie la plus vulnérable de la population. Ils sont très inégalitaires et défavorables aux jeunes générations. Ils ignorent la question cruciale de la protection de l'environnement et de la conversion écologique. Enfin, la multiplication des droits de tirage et des ayants droit ne permet pas d'assurer leur viabilité à terme. La protection sociale s'est ainsi progressivement autonomisée pour devenir un but en soi, détaché de l'économie et de la citoyenneté. Au point, dans des cas extrêmes comme celui de la France, d'encourager les maux qu'elle est censée combattre en jouant contre la croissance, l'emploi, l'intégration et la cohésion de la nation.

Le principe de la protection sociale ne doit en aucun cas être abandonné au moment où la société, le marché du travail et l'espace sont écartelés par la dynamique de la polarisation. Cela est tout particulièrement vrai aux États-Unis, lesquels doivent d'urgence se doter d'un système de santé publique indispensable à la résilience de la nation. Mais son organisation doit être profondément modifiée pour être remise au service du développement soutenable et de la citoyenneté. Les droits sociaux ont vocation à être progressivement complétés par des droits environnementaux, afin de protéger les générations futures. L'effondrement de la démographie dans la majorité des démocraties, notamment en Europe, invite par ailleurs à réhabiliter la politique familiale pour soutenir la natalité – alors que les politiques d'aide au développement devraient la freiner dans les régions où elle reste très élevée, notamment en Afrique et en Asie du Sud. Surtout, la protection sociale devrait être réorientée vers l'intégration et l'inclusion, en associant systématiquement le versement des aides au suivi d'une formation, à un parcours d'intégration, à l'exercice d'une activité d'intérêt général ou à l'accès à l'emploi. L'activation de l'État providence permettrait ainsi de lutter efficacement contre l'exclusion, tout en améliorant les compétences des citoyens et en renforçant le capital humain de la nation – ce qui est indispensable pour accompagner la révolution numérique et la transition écologique.

Les trois piliers de la société inclusive

Tout d'abord, le travail restera au cœur des projets et de la dignité des hommes, du lien social et de la cohésion des sociétés, et de l'accès à la citoyenneté enfin. La fin du travail est un mythe erroné et dangereux. Les révolutions technologiques ne suppriment par le travail, mais le transforment : destructions et créations d'emplois vont de pair. Le risque de la transformation numérique réside donc non dans la disparition des postes de travail, mais dans leur polarisation. Le travail, moteur de l'intégration, subsistera donc mais pourrait jouer contre la démocratie en exacerbant les inégalités de revenu, de statut et de patrimoine. Il convient donc non pas de freiner les mutations du travail en sanctuarisant les emplois du passé, mais de les accompagner en formant aux postes du futur.

L'arme décisive pour dynamiser l'innovation, réduire les inégalités, faciliter l'intégration et consolider la démocratie reste l'éducation. La liberté politique exige l'égalité des chances mais aussi la raison critique et la tolérance. Or elles ne sont pas données mais résultent d'un patient travail d'apprentissage. Très logiquement, les démocraties les plus performantes sont aujourd'hui situées en Asie et en Europe du Nord, où les systèmes éducatifs sont les plus efficaces, tandis que celles qui décrochent, à l'image de la France, sont caractérisées par l'effondrement du niveau d'éducation et de connaissances de leur population, ainsi que par la montée des inégalités. Investissement massif, modernisation des méthodes pédagogiques et réformes de l'éducation, afin de la recentrer vers sa mission fondamentale de transmission des connaissances et d'apprentissage de la vie en société, sont le plus puissant vecteur d'intégration. La pandémie a amplement démontré que l'on n'enseigne bien que de près, ce qui invite à privilégier l'autonomie des écoles et des établissements. À défaut, le risque est très élevé d'une divergence entre un enseignement privé de qualité réservé aux plus riches et un système public livré à l'anomie.

Enfin, l'intégration suppose une mobilisation à tous niveaux. L'État au premier chef, avec la responsabilité des stratégies – mais non pas de l'exécution – des politiques d'éducation et de santé. Les entreprises, avec la prise de conscience que le cœur de leurs compétences et de leur valeur ajoutée découle de leur capital humain, ce qui doit les conduire à réinternaliser une partie des activités qui avaient été déléguées aux États, notamment en matière d'éducation et de formation. La société également, dont la mobilisation est essentielle pour lutter contre les discriminations et les inégalités de toute nature. L'objectif est aussi simple que le chemin est difficile : permettre à chaque individu de devenir, par l'éducation et le travail, un citoyen responsable disposant de la maîtrise de son destin.

Refaire la nation grâce à une citoyenneté active

La démocratie repose sur la constitution d'une communauté de citoyens partageant les mêmes valeurs et engagés dans un projet national. Elle est aujourd'hui prise sous un feu croisé. À l'extérieur, démocratures et djihadistes récusent la liberté qu'ils prétendent incompatible avec la stabilité politique, le développement et la sécurité face aux risques planétaires du XXIe siècle. À l'intérieur, les populistes de tout bord reprennent à leur compte ces accusations. Le corps politique des démocraties se trouve disloqué et éclaté en individus atomisés ou en groupes qui ne se définissent que par l'exclusion et la haine de l'autre, en fonction de leur religion, de leur ethnie, de leur race ou de leur sexe. Cette guerre des valeurs et des cultures qui divise les démocraties contraste avec la mise en scène de la cohésion sociale et l'affirmation de la volonté de puissance des démocratures adossée aux passions nationalistes ou au renouveau du fanatisme religieux. Les idéologies, les régimes et les dogmes hostiles à la liberté s'engouffrent dans le grand désarroi qui s'est emparé des citoyens des démocraties.

Face aux tenants du racialisme ou du décolonialisme, qui s'inscrivent dans les pas d'Arthur de Gobineau en érigeant la lutte des races et la colonisation en moteurs de l'histoire, il est plus que temps de réaffirmer l'universalisme des droits de l'homme, tout en veillant à leur donner leur pleine application et à les mettre en acte. La reconnaissance de l'idée d'humanité n'a jamais été plus juste et plus nécessaire qu'à l'âge de l'histoire universelle et devant l'urgence de protéger un certain nombre de biens communs, dont dépend la survie de la planète. Les droits fondamentaux n'ont rien de formel : loin d'être une illusion, ils conditionnent la liberté et la dignité des hommes, comme on le constate immédiatement dans les pays ou les sociétés qui ne les reconnaissent pas. Leur affirmation doit toutefois déboucher sur leur application effective et concrète. Sous l'égalité juridique des droits, il faut assurer l'égalité réelle des chances, ce qui suppose un engagement permanent non seulement de l'État, mais des acteurs économiques et sociaux.

La démocratie représentative est fondée sur la participation de chaque citoyen aux décisions publiques par le choix des dirigeants. Cela implique une forte confiance envers les institutions et la classe politique, notamment de la part de la minorité qui se trouve dans l'opposition. Dans les périodes de crise, ce lien est rompu, ce qui ouvre un vaste espace pour les nombreux ennemis de la liberté comme pour la violence. Il est donc essentiel de réengager les citoyens dans les décisions publiques.

L'épidémie a apporté dans ce domaine son lot d'enseignements. Elle a réveillé dans tous les pays libres la vitalité et la créativité de la société, la capacité d'engagement des individus au service du bien commun, pour peu qu'on les place en situation d'agir. Cela s'est révélé dans les établissements de soins et dans la coopération qui s'est établie entre structures, mais aussi parfois entre régions, parfois de pays différents, pour la prise en charge des malades. Cela s'est révélé dans la mobilisation des acteurs économiques et sociaux pour assurer la continuité des activités essentielles durant les confinements, ce qui a permis d'éviter les ruptures d'approvisionnement. Cela s'est révélé dans les outils numériques qui ont été créés pour aider à gérer l'accès aux masques, aux tests, aux vaccins, aux soins. Cela s'est révélé dans la prise de conscience par nombre de citoyens de la communauté de destin qui fonde une nation.

L'activisme a été souvent dénaturé dans les démocraties, au cours des dernières décennies, en étant mis au service de l'individualisme ou du communautarisme, avec la complicité active des réseaux sociaux. Il en existe cependant un bon usage. Comme on l'a vu dans le domaine de la santé, l'efficacité des politiques publiques dépend de l'adhésion et de la mobilisation des citoyens. Et ce qui est vrai de la santé, l'est aussi dans le domaine de l'éducation, de la sécurité ou de la protection de l'environnement. L'énergie et la créativité de la société sont immenses. Reste à utiliser et valoriser ce formidable gisement de légitimité et d'efficacité. Nombre d'outils institutionnels existent pour associer les citoyens aux choix publics en amont, de la consultation aux référendums en passant par les enquêtes publiques. Mais le plus important demeure leur participation en aval, dans la phase opérationnelle, qui est souvent défaillante. Cette difficulté peut être surmontée par le recours aux technologies numériques, non pour contrôler la population comme en Chine, mais pour favoriser la participation des citoyens à l'organisation et à l'évaluation des services. Cela implique un partage des données respectueux des libertés individuelles, dont Taïwan ou la Corée du Sud ont montré qu'il était parfaitement réalisable, y compris dans le domaine de la santé.

La démocratie est indissociable du débat public et donc des moyens de communication. Elle est née avec l'imprimerie ; elle s'est développée avec la presse au XIXe siècle ; elle a épousé l'expansion des médias, puis l'entrée dans la civilisation des données. Ainsi, aux États-Unis, Franklin Roosevelt fut le président de la radio ; John Kennedy, celui de la télévision ; Barack Obama, celui d'Internet ; Donald Trump, celui de Twitter. Ces médias furent utilisés du haut vers le bas, afin de permettre à des dirigeants de toucher de plus en plus directement la multitude des citoyens. La révolution numérique permet d'envisager un mouvement inverse, avec le retour des citoyens vers les dirigeants qui ne doit pas paralyser ou phagocyter la décision mais l'éclairer en amont, faciliter et accélérer son déploiement en aval.

Décentraliser et débureaucratiser l'État

Le renouveau de la démocratie implique une transformation profonde de l'État. L'épidémie a replacé la sécurité des citoyens et la résilience des nations au premier rang des priorités de la puissance publique. Elle a réhabilité l'État régalien. Mais elle a aussi souligné trois impératifs, qui peuvent se contredire : le caractère primordial de la vitesse de réaction et de la capacité à innover, notamment dans le domaine de la vaccination ; le respect de l'État de droit sans lequel une démocratie perd son âme et qui fut bien meilleur en Asie qu'en Europe ; l'importance primordiale des citoyens, de la cohésion nationale et des valeurs collectives dans la gestion des crises. Voilà pourquoi les États les moins performants ont été les plus centralisés et les plus bureaucratiques, qui ont conjugué lenteur, décalage et impuissance face à la crise sanitaire, économique et sociale. Voilà pourquoi les États les plus efficaces ont été les plus stratèges, mais aussi les plus décentralisés et les plus ouverts en direction des acteurs économiques et sociaux.

La question de l'efficacité de l'État sera centrale pour l'avenir de la démocratie car elle déterminera sa capacité à stabiliser les classes moyennes et à restaurer le lien de confiance indispensable avec les citoyens. Or, elle sera surplombée par les contraintes financières liées au surendettement public. Il faudra donc utiliser tous les leviers disponibles pour améliorer les performances des politiques publiques. Trois se dégagent avec force. 1/ La décentralisation et l'autonomie maximale des opérateurs tout d'abord, car si l'on ne gouverne bien que de loin, on n'administre et ne délivre bien des services que de près. 2/ La débureaucratisation ensuite, qui invite à privilégier les mécanismes de marché sur les normes ou les taxes, ce qui permet de dynamiser la société et de rendre du pouvoir d'achat aux ménages. 3/ L'organisation en plateformes ouvertes grâce à un recours intensif aux technologies numériques enfin, ce qui suppose une infrastructure performante, l'organisation de l'accès aux données, un bon niveau d'équipement et surtout de formation de la population.

L'État démocratique ne sera fort et opérationnel que s'il sait mobiliser autour de lui les collectivités, les entreprises et les citoyens, s'il sait capitaliser la confiance et la diffuser, s'il sait se mettre au service des citoyens en les mobilisant autour d'un projet, d'une gestion de crise ou d'une politique. Les démocraties ne résisteront aux ennemis de la liberté que si elles sont capables de s'appuyer sur l'énergie et la créativité de leurs citoyens, qui sont les ultimes garants de la liberté dans les grands bouleversements historiques. Le capital humain sera donc tout aussi important pour la survie des nations libres et pour l'efficacité des États que pour la compétitivité des entreprises. Or la citoyenneté n'a rien d'inné : elle se construit, en commençant par le niveau local.

Une nouvelle alliance des démocraties

Aucune nation, pas même les États-Unis, n'est aujourd'hui de taille à relever seule les défis planétaires, à commencer par la menace mortelle que représente la Chine pour la liberté. Pour s'en convaincre, il suffit de constater l'échec piteux du tournant protectionniste et isolationniste effectué par Donald Trump. Le bilan de sa présidence se résume à « *China first* », qu'il s'agisse d'excédent commercial, d'expansion territoriale, d'influence diplomatique ou de construction de relais de puissance pour encercler l'Occident. Il n'est pas jusqu'au monopole du dollar qui ne soit affaibli par les doutes sur la solidité des institutions américaines – y compris la Fed –, par le retour de l'inflation lié à la démesure de la création monétaire, par la concurrence des cryptomonnaies, et notamment du e-yuan porté par la Banque nationale de Chine.

Les démocraties se trouvent confrontées à une situation comparable à celle de 1945. Il leur faut refonder leur unité pour mettre en place une stratégie de cantonnement des démocratures, qui évite l'affrontement direct tout en maintenant dans la durée un rapport de force favorable sur les plans militaire, économique et technologique. Mais, contrairement à l'après-Seconde Guerre mondiale, cette alliance ne peut reposer sur la seule réassurance par les États-Unis de la sécurité de leurs alliés et de la stabilité du capitalisme. Elle doit être configurée autour de trois piliers, américain, européen et indo-pacifique, se prêtant assistance sans pour autant reproduire le lien de subordination qui sous-tend les projets de l'administration Biden. Ce qui implique un puissant effort de l'Union et des pays du Pacifique pour prendre en main une partie de leur sécurité et s'affirmer progressivement comme des acteurs stratégiques à part entière.

La nouvelle fermeture de la Chine, lancée par Xi Jinping à l'occasion du centenaire du Parti communiste chinois, constitue un événement décisif que les démocraties doivent pleinement mettre à profit. Le repli économique, financier et technologique de la Chine sur elle-même réédite son découplage du xve siècle d'avec le monde. La Chine facilite ainsi la mise en œuvre de son cantonnement. Dans le même temps le renforcement du contrôle idéologique du Parti sur les entreprises et la société ne peut que ralentir la croissance et accélère la fuite des talents et des capitaux. Les nations libres doivent dès lors se mobiliser pour accueillir les cerveaux qui choisiront de s'exiler pour échapper au totalitarisme de Pékin. Il est aussi indispensable qu'elles anticipent la montée aux extrêmes de l'impérialisme chinois et les reprises de confrontation armée qu'il implique, notamment autour de Taïwan.

Simultanément, les démocraties doivent se réengager dans la régulation du monde qu'elles ont abandonnée à la Chine, à la suite du repli des États-Unis et de la passivité complice des Européens alignés sur la diplomatie mercantile de l'Allemagne. La Chine a, dans un premier temps, développé des institutions multilatérales concurrentes de celles de Bretton Woods afin d'exporter son modèle au travers des Routes de la soie. Elle a entrepris de construire un front des démocratures, en passant des accords économiques, technologiques, mais aussi militaires avec la Russie, la Turquie, l'Iran et les régimes autoritaires du Moyen-Orient. Elle a lancé un programme de prise de contrôle des infrastructures essentielles de la mondialisation à travers les ports, les aéroports, les lignes ferroviaires, les réseaux de télécommunications. Puis elle a réalisé une OPA sur le système de l'Onu à la faveur de la débandade américaine sous Donald Trump – avec les effets catastrophiques que l'on a constatés à l'OMS.

Il est aujourd'hui grand temps pour les démocraties de mettre un terme à ce retrait inconséquent, qui mêlait la lâcheté et l'égoïsme à très courte vue. Qu'il s'agisse de lutte contre la pandémie, de limitation du réchauffement climatique, de régulation de la finance ou du secteur numérique, il n'est en effet pas de solution en dehors d'une forte coopération entre les nations libres. Et il n'est pas de meilleure occasion pour débuter que la campagne de vaccination contre la Covid-19, qui ne sera éradiqué que lorsque la majorité de la population mondiale sera vaccinée. La raison comme l'intérêt commandent donc de favoriser l'accès des pays émergents aux vaccins occidentaux, incomparablement plus efficaces que leurs concurrents chinois. Il est aujourd'hui possible de vacciner 60 % de la population mondiale d'ici à 2022 pour un coût de 50 milliards de dollars, ce qui sauvera de très nombreuses vies, délivrera des populations et des nations entières du fardeau de la maladie et générera un bénéfice potentiel de 9 000 milliards de dollars pour l'économie mondiale. Cette vaccination universelle devrait marquer le grand retour des démocraties dans la communauté internationale et la première pierre d'une mondialisation de la politique.

Au-delà, les démocraties doivent en effet se remettre au travail pour structurer le système international, reprendre le leadership des institutions multilatérales tout en les réformant et en les ouvrant aux pays émergents, réguler le capitalisme mondialisé sur le plan commercial, fiscal et environnemental, mettre en place les politiques de codéveloppement qu'elles ont souvent imaginées mais qu'elles ont laissé la Chine appliquer. Cela est tout particulièrement vrai de l'Europe vis-à-vis de l'Afrique, la première étant partie pour perdre 100 millions d'habitants d'ici à la fin du siècle quand la seconde en gagnera 2 milliards.

* *
*

La sortie de l'épidémie constitue un tournant majeur pour l'histoire du XXIe siècle. Soit les démocraties tentent, comme en 1918, de revenir au monde des premières années du siècle. L'euphorie qui accompagne inévitablement la levée des mesures sanitaires débouchera alors sur de nouvelles tragédies : elles pourront prendre la forme de krachs financiers, de frappes cybernétiques, de catastrophes climatiques et de conflits armés majeurs, mais aussi d'un basculement de certaines nations dans le chaos et la violence à la suite de tensions et de désordres intérieurs. Soit, comme en 1945, elles s'engagent dans un travail de reconfiguration interne, de reconstruction d'un ordre mondial, de réaffirmation de leur unité et de leurs valeurs.

Les solutions et les signes d'espoir offerts par la pandémie méritent d'être pleinement exploités. Les démocraties d'Asie ont montré une résilience et une capacité d'adaptation remarquables. De Taïwan et Hong Kong à Caracas, en passant par l'Algérie et le Myanmar, la Russie ou la Turquie, des hommes continuent à risquer leur vie pour échapper à la misère et à l'oppression. C'est désormais à l'Occident de renouer avec les valeurs qui fondèrent sa prospérité et ses succès, en se rappelant que les seuls antidotes efficaces contre les dangers qui pèsent sur la démocratie, ce sont la raison et la liberté politique. L'Europe et la France sont tout particulièrement concernées, qui doivent se porter à la pointe de ce combat.

9

Reconstruire l'Europe

> « L'Europe deviendra-t-elle ce qu'elle est en réalité, c'est-à-dire un petit cap du continent asiatique ? »
>
> Paul Valéry, *Variété* (1924)

En soumettant nations et continents à un test impitoyable sur leur capacité à gérer les risques planétaires et les crises du XXIe siècle, la pandémie de Covid-19 a souligné le statut de maillon faible de l'Europe, au sein d'un Occident déclassé.

L'épidémie a révélé ses faiblesses et ses divisions, qui lui interdisent de se comporter en puissance pour protéger ses citoyens et les nations qui la composent. Faiblesses et divisions qui l'ont aussi paralysée face au krach de 2008, à la crise de l'euro, aux attentats djihadistes, aux vagues migratoires, aux entreprises expansionnistes de la Russie de Vladimir Poutine en Ukraine, ou de Recep Tayyip Erdoğan, en Méditerranée.

L'explication est connue. La construction européenne a été fondée, après l'échec de la Communauté européenne de défense, en 1954, autour de la garantie de sécurité des États-Unis, de la résistance à l'Union soviétique, de la paix franco-allemande, du contournement de la politique et de la stratégie par le droit et le marché. Or ces principes ont été rendus caducs par la chute de l'empire soviétique, la fin de l'ordre de 1945 et de l'imperium américain, l'éclatement de la mondialisation et le retour en force des passions nationalistes et religieuses.

À nouveau monde, nouvelle donne et nouvelles règles. L'Union ne peut plus se contenter d'offrir à ses consommateurs un marché ouvert et régulé par la concurrence, à l'ombre de la garantie de sécurité des États-Unis. Elle doit garantir à ses citoyens, à ses entreprises et aux investisseurs un espace économique et stratégique conciliant développement durable, efficacité, sécurité et respect des libertés fondamentales. À l'âge des risques planétaires, elle n'a jamais été plus utile : elle constitue un levier irremplaçable pour permettre aux citoyens et aux peuples d'Europe de reprendre en main leur destin - ce dont ils prennent de plus en plus conscience. Mais elle doit redéfinir ses politiques et réaffirmer sa souveraineté aux plans commercial, financier, technologique, fiscal ou juridique.

L'intégration de l'Europe est plus justifiée que jamais. Aucun des États qui la composent, pas même l'Allemagne, ne peut prétendre disposer de la taille nécessaire pour relever les défis du XXIe siècle, qu'il s'agisse de traiter avec les États-continents - Chine, États-Unis, Russie, Inde, Brésil, Nigéria... -, de résister à la pression des démocratures ou de maîtriser les risques planétaires liés au terrorisme, au cybermonde, au réchauffement climatique ou aux pandémies. La Covid-19 a montré que les États ont aujourd'hui besoin de l'Europe autant que l'Europe a besoin des États. C'est vrai de l'Allemagne, qui ne dispose plus d'alternative à l'intégration du continent ni sur le plan stratégique ni sur le plan économique, ce qui explique son ralliement au plan de relance de l'Union. C'est vrai de la France, de l'Italie et de l'Espagne, qui ne peuvent se redresser sans aide extérieure, compte tenu de leur surendettement. C'est vrai des pays d'Europe du Nord dont les exportations sont destinées aux consommateurs du Sud. C'est vrai des pays d'Europe orientale dont le rattrapage est porté par le grand marché et les transferts de Bruxelles.

Dans un monde multipolaire privé de réassurance par le repli des États-Unis et par la peur fondée qu'inspire la Chine, l'Europe dispose d'un espace pour s'affirmer comme un acteur à part entière, afin de protéger ses talents, ses actifs et ses technologies, son mode de vie et ses valeurs. Elle doit pour cela se repenser comme puissance autour d'un projet politique, qui ne peut plus être la paix franco-allemande et la résistance au soviétisme, mais qui doit se décliner autour d'une régulation européenne du capitalisme, du leadership dans la lutte contre le réchauffement climatique, de la sécurité, d'une conception ouverte et modérée de la liberté.

L'électrochoc que représente l'épidémie de Covid-19 constitue la dernière chance de réveiller l'Union européenne et de la remettre de plain-pied avec le XXIe siècle. En recréant le lien de confiance avec les citoyens autour du programme de vaccination contre la Covid-19 et en injectant le plus rapidement possible les fonds du plan de relance pour soutenir la reprise. Mais il faudra par ailleurs rétablir la liberté de circulation, lutter contre le creusement des inégalités résultant de l'épidémie et de l'amplification de la révolution numérique, et investir dans la sécurité pour présenter un front uni contre les démocratures et les djihadistes. L'heure n'est plus aux promesses aussi mirobolantes que vagues, mais aux résultats concrets. Durant des décennies, il a été affirmé que l'Europe ne progressait que dans et par les crises. Aujourd'hui, elle doit impérativement les anticiper et les gérer au risque d'être broyée par elles.

Consolider les piliers de l'intégration au service de l'inclusion

L'épidémie de Covid-19 a permis de mesurer l'importance et la valeur des acquis de l'intégration européenne – le grand marché, l'euro et l'espace de libre circulation de Schengen – tout en accélérant leur réorientation.

Les piliers de l'Union ont en effet tous été conçus dans les deux dernières décennies du XXe siècle, sur le principe d'une large autorégulation et sur le postulat d'une disparition des chocs et des crises avec, pour toile de fond, l'essor de la mondialisation et la chute du soviétisme. Le grand marché, créé par l'Acte unique européen de 1986, n'avait pour boussole que le droit de la concurrence assimilé à la seule défense du consommateur et de son droit à accéder aux prix les plus bas. Les accords de Schengen conclus en 1990 ont formalisé un espace de libre circulation des personnes, en précisant les conditions de levée des contrôles intérieurs, mais sans prévoir un dispositif opérationnel de surveillance des frontières extérieures. Enfin, le traité de Maastricht de 1992 a créé la monnaie unique en misant sur la convergence automatique des économies européennes, grâce au respect des critères de déficit et de dettes publics.

Ces constructions inspirées par l'idée d'une fin des crises économiques, des guerres ou des pandémies, n'ont pas manqué d'être télescopées par l'histoire. Le grand marché a été heurté par le retour des guerres commerciales et technologiques, le renouveau du protectionnisme, la grande confrontation entre les États-Unis et la Chine qui en font un enjeu de leur rivalité. La monnaie unique a failli être emportée par le krach de 2008 et surtout la crise spécifique qui a frappé la zone euro à partir de 2009, en raison du caractère insoutenable des statuts de la BCE et des règles fixées à la politique monétaire européenne. Enfin, l'espace Schengen a été suspendu par l'épidémie de Covid-19, qui a entraîné la reconstitution des frontières intérieures et de leur contrôle par les États.

Mais, fait remarquable, en dépit des déconvenues et des désordres créés par des institutions et des règles irréalistes, en dépit de la déstabilisation de l'Union par le Brexit, les réalisations majeures de l'Europe ont fait mieux que survivre.

D'abord, elles se sont adaptées vaille que vaille, quitte à contourner les traités comme le fait la BCE avec ses programmes d'achats de dettes publiques ou de soutien des banques, quitte à inventer de nouveaux instruments comme le fonds de stabilité, le plan de relance Next Generation EU, ou le Green Deal, quitte à suspendre le régime des aides d'État lors du krach de 2008 pour sauver les banques ou lors de la pandémie de 2020 pour protéger le chiffre d'affaires et assurer la survie des entreprises, quitte à instaurer un contrôle des investissements stratégiques ou des sanctions pour imposer le principe de réciprocité ou pour sanctionner la violation des droits de l'homme dans un système international qui retourne à l'état de jungle.

Surtout, les acquis de la construction européenne, longtemps dénoncés par les mouvements et les dirigeants populistes, bénéficient d'un soutien de plus en plus fort des citoyens qui, au fil des chocs et des crises, ont pris conscience de leur valeur et de leur fonction protectrice. Déjà, en 2015, la Grèce d'Aléxis Tsípras s'était ralliée à un programme de réformes draconien pour se maintenir dans la zone euro. Après le krach et la pandémie, avec la montée en puissance de la campagne de vaccination et du plan de relance, les États ou les forces politiques qui plaident pour la sortie de l'Union ou de l'euro ont quasiment disparu, à l'image de la conversion pro-européenne de la Ligue du Nord de Matteo Salvini ou du Rassemblement national de Marine Le Pen. Même les démocraties illibérales ont massivement approuvé le programme Next Generation EU, après l'avoir bruyamment critiqué. Ceci constitue une raison supplémentaire pour l'Union de défendre fermement ses valeurs, et notamment le respect de l'État de droit, face aux dérives autoritaires de la Hongrie ou de la Pologne.

Le soutien apporté par les citoyens aux trois piliers de l'intégration du continent ne doit cependant pas être mis au service du *statu quo*, mais de l'accélération de leur réorientation pour les adapter à la nouvelle configuration du XXIe siècle, beaucoup plus instable, brutale et dangereuse. Un nouvel équilibre doit être trouvé entre l'intervention des autorités publiques et le jeu du marché, qui permette d'encourager l'innovation, de favoriser l'inclusion, de renforcer la résilience des sociétés et des États de l'Union.

Le grand marché demeure tout d'abord en attente de son achèvement dans le secteur des services, qui est clé dans une économie de plus en plus immatérielle. Sa régulation ne peut rester fondée sur les seules règles de la libre concurrence, qui laissent les consommateurs, les entreprises et les actifs stratégiques du continent à la merci de leurs compétiteurs ou des bras armés des démocratures. Les lignes directrices de la concurrence méritent d'être profondément révisées. Il est indispensable de prendre en compte la structure de l'offre, et non pas seulement les prix pour le consommateur - l'illusoire gratuité de leur service en échange de la captation des données étant le cœur du modèle des Gafam. Par ailleurs, l'analyse de la concurrence ne peut plus se cantonner ni à la seule prise en compte des effets sur le consommateur en occultant l'offre, ni au seul grand marché européen, en ignorant la structure monopolistique de l'économie mondiale, notamment aux États-Unis et en Asie. Enfin, il faut établir un cadre de régulation pour l'économie des données.

L'Union est indissociable de la défense du multilatéralisme et de la libéralisation des échanges commerciaux, qui se confondent avec son histoire. Il lui revient de faire émerger les nouveaux accords du XXIe siècle, dont le cœur porte sur les services, la régulation et les normes, tout en prenant en compte la montée du protectionnisme, la généralisation du recours aux sanctions commerciales et la transition écologique. Il devient impératif de faire prévaloir un strict principe de réciprocité, d'interdire le recours aux pratiques prédatrices des États, qui revendiquent l'extraterritorialité de leur droit, et des entreprises qui opèrent comme leur bras armé, qu'il s'agisse des Gafam ou des bras armés du total-capitalisme chinois, de prévoir le respect de critères sociaux et environnementaux. L'Europe doit protéger non seulement ses consommateurs, mais aussi les entreprises, les actifs, les technologies, les données et, plus encore, les talents et les cerveaux qui constituent la richesse des nations dans l'économie de la connaissance. Simultanément, il faut prévoir l'instauration d'un nécessaire ajustement aux frontières de l'Union, condition préalable à la généralisation d'un prix du carbone au sein du grand marché.

Si la monnaie unique a surmonté la terrible crise du début des années 2010, sa pérennité demeure menacée par la divergence des pays du Nord et du Sud. La zone euro ne remplit toujours pas les conditions qui assureraient sa soutenabilité en toutes circonstances, notamment la réassurance par une autorité politique, une responsabilité budgétaire effective et une solidarité financière entre ses membres. Loin d'avoir été restructuré et recapitalisé, le secteur financier a été fragilisé par un empilement de taxes et de contraintes réglementaires. Avec pour résultat hautement paradoxal que les banques américaines, qui portent la responsabilité principale des dérives financières des années 2000, monopolisent désormais les opérations à haute valeur ajoutée sur le continent européen. Par ailleurs, l'union bancaire et l'union des marchés de capitaux, essentielles pour résister à la secousse financière qui vient, restent dans les limbes, du fait de la réticence de l'Allemagne aux transferts entre les pays de la zone. La raison commanderait de les mettre en place le plus rapidement possible, au lieu d'attendre passivement l'inévitable éclatement des nouvelles bulles spéculatives créées sur les marchés par l'afflux des liquidités. Dans le même temps, il est indispensable de réviser les réglementations qui pénalisent les investissements des banques et des assurances dans les fonds propres des entreprises.

La BCE, sous l'autorité de Mario Draghi, puis de Christine Lagarde, a activé tous les leviers possibles pour soutenir l'activité et les États de la zone euro, de l'assouplissement quantitatif aux taux négatifs. Contrairement à l'erreur commise après le krach de 2008 avec la priorité donnée à l'austérité budgétaire, la politique économique européenne a été beaucoup plus cohérente et coordonnée face à la pandémie. La relance des dépenses publiques au niveau national et européen a accompagné l'expansion monétaire. Celle-ci se met par ailleurs au service du développement durable en introduisant des critères sociaux et environnementaux dans les stratégies de rachat de dettes. Il reste que la BCE est sans doute allée au-delà des limites de son mandat, ce qui se traduit par la multiplication des recours devant la Cour constitutionnelle fédérale de Karlsruhe. Par ailleurs, le déversement des liquidités encourage l'inflation des actifs, la spéculation et les inégalités, tandis que les taux négatifs laminent le secteur bancaire - clé de la reprise et du soutien aux entreprises - ainsi que les classes moyennes.

Durant une décennie, l'Union et les États qui la composent ont délégué à tort la politique économique européenne à la seule BCE. Celle-ci doit se recentrer sur la gestion de la monnaie en explorant deux voies neuves : l'élargissement du rôle de l'euro comme une monnaie internationale à part entière, pour échapper au monopole du dollar qui est devenu un instrument au service de la guerre commerciale et de l'extraterritorialité du droit des États-Unis ; la création d'une monnaie digitale européenne, pour faire pièce aux projets de devise virtuelle portés par la Banque nationale de Chine ou par Facebook.

De même que le traité de Maastricht a créé la monnaie unique avec des institutions insoutenables qui postulaient l'absence de choc économique ou financier, l'espace Schengen a été fondé sur l'hypothèse irréaliste de la paix perpétuelle et de la disparition de tout risque stratégique. La suppression des frontières intérieures est allée de pair avec la disparition irresponsable de tout contrôle des frontières extérieures.

L'Europe a ainsi été totalement prise de court par la plus importante vague de migration depuis l'après-Seconde Guerre mondiale qui a culminé en 2015 avec l'entrée dans l'Union de 2,7 millions de personnes dont 1,7 million de réfugiés, puis par l'épidémie de Covid-19 qui n'a laissé d'autre choix que le rétablissement désordonné des frontières intérieures.

Là encore, il faut tirer toutes les leçons de la crise en associant le retour de la liberté de circulation dans l'espace Schengen, avec un contrôle strict des frontières extérieures. Il ne fait pas de doute en effet que la résurgence des risques géopolitiques et le renouveau des grandes vagues migratoires sont durables car ils trouvent leur origine dans des évolutions à long terme : la libération de la violence et la multiplication des zones de conflit ; les effets du réchauffement climatique ; l'explosion démographique de l'Afrique qui comptera près de 3 milliards d'habitants d'ici à la fin du siècle. La capacité de l'Europe à gérer les mouvements migratoires déterminera largement sa crédibilité vis-à-vis des citoyens et sa résilience face à la pression populiste. Il est donc urgent de mettre en place une politique européenne cohérente associant la maîtrise des frontières extérieures de l'Union, notamment en Méditerranée, l'unification du droit de l'immigration et de l'asile – sous le contrôle d'un office européen des réfugiés –, la reconduction effective des clandestins et des déboutés, l'intégration tout aussi effective des immigrés et réfugiés en situation régulière, l'instauration d'un partenariat pour le codéveloppement de l'Afrique.

Le plan de relance, amorce de l'Europe politique

Le plan de relance européen Next Generation EU constitue un tournant historique. Par sa composition qui associe 390 milliards d'euros de subventions et 360 milliards de prêts. Par son financement via des emprunts souscrits par l'Union. Par ses critères d'attribution, enfin, qui ciblent la transition écologique pour obtenir la neutralité carbone à l'horizon 2050 - de manière cohérente avec le Green Deal –, la digitalisation de l'économie, la résilience et la cohésion des nations. Il acte ainsi l'existence d'une solidarité financière entre les États membres via des transferts sans contrepartie. Il définit par ailleurs une stratégie pour la conversion climatique et numérique du continent, tout en fixant un ambitieux agenda de réformes structurelles.

L'Union monétaire s'adosse progressivement à un début d'Union économique, ce qui marque une révolution. Il reste à la rendre effective en accélérant l'examen des plans de relance nationaux qui conditionnent le versement des fonds européens. Or celui-ci est vital pour éviter que l'Europe manque le train de la reprise, lancée à pleine vitesse en Chine et aux États-Unis. Et ce pour deux raisons.

La crise déclenchée par l'épidémie de Covid-19 se déploie dans trois horizons de temps qui relèvent de politiques différentes : la protection des ménages et des entreprises au cœur de la pandémie ; la relance lors de la réouverture des économies autorisée par la vaccination ; l'adaptation aux défis structurels de la révolution numérique, de la transition écologique et d'un développement inclusif. En Europe, la mobilisation rapide et intensive de la politique budgétaire par les États membres a assuré une protection maximale, mais les financements consacrés à la relance sont insuffisants, ce qui pourrait compromettre la modernisation de l'appareil de production. Par ailleurs, les pays méditerranéens - France, Italie, Espagne et Grèce notamment - sortent exsangues de l'épidémie, cumulant pertes de croissance, amputation du potentiel productif, destruction d'emplois, surendettement public et privé. Ils ne peuvent aujourd'hui espérer se redresser sans une puissante aide extérieure. À défaut, leur chute entraînerait celle de l'euro, ruinant l'Europe et provoquant une crise financière mondiale.

Le plan de relance a donc vocation à s'inscrire dans la définition d'un nouveau pacte économique et social européen, qui assumera la communauté de destin et la solidarité entre ses citoyens - notamment les jeunes - comme entre les États membres. La clé d'un modèle de croissance inclusive réside dans l'accent mis sur le capital humain, sur la transition écologique et sur la lutte contre les inégalités, qui sont des éléments essentiels à un écosystème favorable à l'innovation. Elle passe par l'encadrement de la concurrence sociale et fiscale entre les États membres, dans la continuité des nouvelles règles élaborées par l'OCDE pour l'impôt sur les sociétés.

Qu'il s'agisse de commerce, d'industrie numérique, d'écologie, de monnaie ou de fiscalité, l'Europe se trouve confrontée au même défi : se repenser comme un acteur souverain, au lieu de se trouver réduit à l'objet de la rivalité des empires du XXIe siècle, comme elle fut l'enjeu de l'affrontement des superpuissances durant la guerre froide. Cette transformation a pour condition la conquête progressive d'une autonomie stratégique face aux géants, qui rivalisent pour le leadership du monde du XXIe siècle.

L'autonomie stratégique, première pierre d'une Europe-puissance

L'épidémie de Covid-19 a mis en lumière l'importance de la résilience des nations, tout en soulignant la vulnérabilité de l'Europe, dépendante d'une alliance de plus en plus vacillante avec les États-Unis pour sa sécurité, et de la Chine pour son approvisionnement en biens industriels essentiels. L'Europe, qui se veut pacifique, se trouve par ailleurs cernée par les zones de conflit, de la Baltique à Gibraltar. Au même moment, le système international du XXIe siècle est privé de leadership et l'ordre de 1945 dont l'Union est l'héritière se désintègre.

L'Union paraît tétanisée par le vide de sécurité dans lequel elle s'est installée - aggravé par le Brexit, qui la prive du tiers de son potentiel militaire - face à un trop-plein des risques. La prise de conscience de sa dépendance vis-à-vis de la Chine et des États-Unis lors de la pandémie a suscité un sursaut et une volonté de reconquérir une part de souveraineté. Mais celle-ci reste limitée aux domaines de l'industrie, du commerce et de la technologie, à l'exclusion de la sécurité. En dépit d'un effort de réarmement des pays du Nord et de l'Est pour répondre à la poussée russe, l'Union reste enfermée dans le déni des menaces qui pèsent sur elle et dans la priorité inconditionnelle donnée aux dépenses sociales, au détriment de sa défense. Avec pour illustrations, l'illusion cultivée sur le retour à l'Amérique de 1945 et à la garantie inconditionnelle de l'Otan, avec l'élection de Joe Biden, ou l'amputation du fonds pour la défense ramené de 13 à 7 milliards d'euros lors de la négociation du budget pour la période 2021 à 2027.

Il convient en premier lieu de capitaliser sur la volonté nouvelle des Européens, et notamment de l'Allemagne, d'assumer et affirmer l'autonomie stratégique de l'Union dans les domaines de l'industrie, du commerce, de la technologie, de la fiscalité ou du droit. Cela implique en effet la reconnaissance et l'organisation d'un capitalisme européen avec sa gouvernance, ses règles et son éthique, dont la seule limite doit être le refus de prétendre en faire une norme universelle. Tout en bénéficiant de la protection de l'État de droit européen, les entreprises mondialisées devront pouvoir continuer à opérer sur tous les continents. Cette autonomie stratégique suppose aussi une forte coopération entre les pouvoirs publics et les entreprises, notamment pour rattraper le retard accumulé en matière d'infrastructures, de recherche et d'innovation dans les secteurs clés de l'intelligence artificielle, de l'économie des données, de la transition écologique. La révolution effectuée dans la santé par les vaccins à ARN messager a montré que la clé des innovations de rupture réside dans la coopération entre pouvoirs publics, grands groupes industriels, start-up et recherche universitaire. Les États-Unis et le Royaume-Uni y excellent ; l'Europe doit combler d'urgence son retard.

Pour autant, l'autonomie stratégique demeure virtuelle si elle écarte le domaine de la sécurité. Seule une Union pour la sécurité peut garantir les nations et les citoyens du continent contre certains risques que l'Otan ne couvrira jamais, à commencer par le terrorisme djihadiste ou les vagues migratoires. Seule une Union pour la sécurité peut éviter à l'Europe de devenir l'objet de la rivalité entre les États-Unis et la Chine au XXIe siècle, comme elle le fut entre les États-Unis et l'Union soviétique au temps de la guerre froide. Elle doit se forger par le haut, avec l'instauration progressive d'une culture stratégique et opérationnelle partagée, comme par le bas, de manière pragmatique, à travers la lutte contre le terrorisme, la protection des infrastructures essentielles, le contrôle des frontières, la surveillance de la Méditerranée, la coopération dans l'espace et le cyber.

L'Europe a donc vocation à se réorganiser autour de quatre cercles : la zone euro ; l'Union unie par le grand marché et l'État de droit européen ; les partenariats stratégiques, notamment avec le Royaume-Uni, après le Brexit ; la périphérie proche, marquée par une cascade de guerres et de crises, de la Baltique à Gibraltar, en passant par l'Ukraine, le Moyen-Orient et l'Afrique du Nord, qu'il est vital de stabiliser. L'Union pour la sécurité devrait englober les deux premiers cercles. La protection du continent et de ses frontières est en effet plébiscitée par les citoyens européens et permet d'aligner les priorités des pays du Sud, ciblés par le terrorisme islamique, et de ceux de l'Est et du Nord, soumis aux pressions politiques et militaires de la Russie. Ses missions porteraient sur la lutte contre le terrorisme, la protection des infrastructures vitales, la cyberguerre et, surtout, le contrôle des frontières extérieures.

D'où la transformation de l'Agence européenne de garde-frontières et de garde-côtes (Frontex), en une police des frontières à part entière, dotée d'effectifs permanents et d'outils juridiques efficaces. D'où la mise en place d'un dispositif intégré de surveillance et d'intervention en Méditerranée afin de prévenir l'explosion des trafics de toute nature, qui sont en passe de la transformer en zone de non-droit. D'où l'élaboration et le déploiement d'une stratégie globale de stabilisation de la périphérie du continent – notamment Afrique, Libye et Sahel en tête, et Moyen-Orient –, coordonnant étroitement renseignement, interventions militaires, initiatives diplomatiques et aide au développement. D'où la construction progressive d'une stratégie européenne de sécurité autour de projets concrets : le rapprochement et le partage des priorités à travers la « Boussole stratégique » ; la génération de capacités militaires ; les opérations communes ; la formation ; les grands programmes d'équipement concernant les avions de combat, les drones et les chars du futur ; la coopération dans le domaine de l'espace et de la cyberguerre ; l'innovation et la recherche – notamment dans le domaine de l'intelligence artificielle – qui devraient être l'objet principal des financements du Fonds européen de défense.

L'Europe doit enfin prendre toute sa part dans la redéfinition d'une alliance des démocraties qui ne dépendent plus des seuls États-Unis. Son premier objectif devrait être l'élaboration et l'application d'une stratégie de cantonnement du total-capitalisme chinois et des démocratures, le désarmement et la non-prolifération des armes de destruction massive, la remise en route et la modernisation du système multilatéral qui a été abandonné à la Chine. Les Européens sont ainsi confrontés à l'impératif d'articuler la construction de leur autonomie stratégique, l'affermissement de l'OTAN – notamment pour répondre à la menace russe – et une présence raisonnée dans la zone indo-pacifique.

Le combat est politique, mais aussi moral : les démocraties doivent non seulement rétablir le rapport de force avec la Chine sur le plan économique, technologique et stratégique, mais réaffirmer leurs valeurs face à la propagande de Pékin qui cherche à enrôler les pays du Sud dans sa confrontation avec l'Occident. L'Union doit en tirer aussi toutes les conséquences dans un fonctionnement interne en soumettant l'accès à ses aides au respect par ses membres des principes de la démocratie et de l'État de droit.

* *
*

L'Europe a payé très cher l'occultation des menaces de pandémie ; il lui revient de ne pas rééditer la même erreur avec les autres risques du XXIe siècle, qu'ils soient financiers, technologiques, climatiques ou géopolitiques. Depuis 1945, elle s'est reposée sur les États-Unis pour sa reconstruction, son développement et sa sécurité. Ce moment est révolu. Les Européens doivent aujourd'hui reprendre la maîtrise de leur destin en se remobilisant autour d'un projet neuf, qui se définit en termes de souveraineté et de sécurité. Non dans l'ambition de dominer le monde du XXIe siècle, mais avec la volonté de défendre, face aux empires, ses valeurs et sa conception modérée, solidaire et humaniste de la liberté.

Face à un monde livré au chaos, confronté à la montée de la violence et privé de leadership, les États européens n'ont pas de stratégie alternative au renforcement de leur unité et à la redéfinition de l'Union en termes de puissance. L'Union ne peut plus se contenter de subir les chocs pour finir par s'adapter ; elle doit les anticiper et les gérer. À l'âge de l'histoire universelle, l'Europe sera donc politique ou ne sera pas. Mais le temps est désormais compté. Et la clé de la transformation de l'Europe en puissance reste la modernisation de la France, dont l'interminable chute paralyse ses partenaires, à commencer par l'Allemagne, fragilise l'euro et interdit l'émergence de l'Union politique.

10

Reconstruire la France

> « Vieille France, accablée d'Histoire, meurtrie de guerres et de révolutions, allant et venant sans relâche de la grandeur au déclin, mais redressée, de siècle en siècle, par le génie du renouveau. »
>
> Général de Gaulle, *Le Fil de l'épée* (1932)

Comme toute grande crise historique, la pandémie a déchiré le voile de l'ignorance et des mensonges, en faisant la vérité sur la situation réelle de la France. Elle a montré l'inconséquence et l'impuissance de l'État, incapable d'anticiper, puis de gérer la pandémie. Elle a révélé la marginalisation de l'industrie et de la recherche françaises, lesquelles ne se limitent pas au secteur de la santé. Elle a mis au jour l'atomisation des individus et la déchirure de la Nation en communautés, en minorités, en tribus, en bandes qui ne partagent plus que la peur et la haine des autres. Elle a souligné la perte de souveraineté d'un pays qui dépend de la Chine pour l'approvisionnement de ses biens essentiels, des États-Unis pour sa sécurité et de l'Allemagne pour le financement de sa gigantesque dette. Dans la continuité du mouvement des Gilets jaunes, avec la mobilisation contre le pass sanitaire, elle a creusé le fossé de défiance qui sépare les citoyens des dirigeants et des institutions de la démocratie représentative.

Loin d'entraîner une clarification politique, l'épidémie se traduit pour l'heure par une immense confusion. Les urgences tiennent lieu de politiques. Le déversement aveugle de dépenses publiques financées par la dette, au nom du mantra absurde « quoi qu'il en coûte », est érigé en stratégie. Et ce, alors même qu'elles financent pour l'essentiel des charges de fonctionnement et les « clientèles » de la fonction publique, et non pas des investissements permettant d'améliorer la croissance potentielle ou de moderniser le pays. Et ce, alors même que le mythe du caractère gratuit et illimité de l'argent public - ignorant le fait que la dette publique est celle des Français qui devront la rembourser - prépare méthodiquement la faillite du pays. Le débat public se dissout en vaines polémiques et entretient les illusions sur la situation du pays comme l'infantilisation des Français. La France ne sort donc pas seulement de l'épidémie avec une économie, une société et un État effondrés ; elle a perdu le fil de son histoire ; elle s'est coupée de sa culture ; elle doute de ses valeurs.

La sortie de l'épidémie pourrait ainsi donner raison une nouvelle fois à Alexis de Tocqueville, qui situait le plus fort risque de secousse politique non pas au cœur des chocs historiques, mais au moment où la sortie de crise se profile. La France n'est pas seulement menacée de manquer la reprise et de se trouver marginalisée par l'Allemagne, qui prend de plus en plus ses distances avec elle pour se tourner vers les pays d'Europe centrale et orientale. Elle se trouve dans une situation prérévolutionnaire, comme l'a montré le mouvement des Gilets jaunes. Et la révolution, dans une période de déflation, de montée de la violence et de déchaînement des passions nationales, a basculé à l'extrême droite, comme dans les années 1930. Tous les facteurs favorables au vote populiste se trouvent en effet réunis dans notre pays : violente crise économique et sociale, désintégration de la classe moyenne, insécurité galopante, déclassement du pays et de ses citoyens, implosion des partis dits de gouvernement, délégitimation des institutions et des dirigeants.

La France fait donc face à une heure de vérité : elle doit choisir entre la débâcle programmée, comme en 1940, ou la reconstruction, comme en 1945. Et ce choix conditionnera largement le destin de l'Europe. L'élection présidentielle de 2022 se présente ainsi comme la dernière chance pour les Français de sortir du déni, de se livrer à un examen de conscience sur leur responsabilité dans le déclassement de notre pays, de débattre d'un projet de redressement qui permette de mobiliser les énergies, de rassembler la Nation, de la repositionner dans le XXIe siècle tout en la réconciliant avec ses valeurs. Voilà pourquoi il est vital que le débat ne soit pas tronqué, occulté, confisqué par la démagogie, comme ce fut trop souvent le cas par le passé.

L'épidémie de Covid-19, par le choc inouï qu'elle a provoqué pour chaque citoyen, constitue aussi une occasion unique. Elle a confronté tous les Français aux conséquences concrètes de la liquidation de l'industrie, de la marginalisation de la recherche, de l'incapacité de l'État de délivrer les services de base concernant la santé, l'éducation, la sécurité ou la justice. Par ailleurs, cette débâcle de l'État – symbolisée par les pénuries de masques, de tests, de respirateurs, de vaccins et de lits de réanimation, comme par l'incapacité à mettre en place effectivement le traçage et l'isolement des malades ou le contrôle des frontières –, dans son extravagance même, a suscité un sursaut de la société. Les soignants ont sauvé l'honneur du système de santé, faisant la preuve de leur réactivité, de leur excellence clinique et de leur sens éthique. La paralysie de l'État central a été contournée par l'imagination et l'agilité des élus locaux, de l'approvisionnement en masques à la vaccination de la population. L'organisation du territoire, polarisée autour des métropoles qui avaient capté les quatre cinquièmes de la croissance et des créations d'emplois depuis le début du siècle, a commencé à se rééquilibrer en faveur des villes moyennes. Les blocages de la bureaucratie ont dû céder devant les innovations médicales et technologiques. Les entreprises se sont adaptées avec une rapidité stupéfiante aux contraintes des confinements, ont basculé vers le télétravail et massivement accéléré leur recours aux technologies de l'information.

La France n'est pas finie. Elle dispose encore, grâce à ses citoyens, des talents et de l'énergie pour se redresser.

Mais il faut tirer rapidement les leçons de l'épidémie de Covid-19 en engageant une véritable révolution. Il est temps de cesser de sanctuariser tout ce qui nous ruine et de condamner tout ce qui pourrait nous sauver. Les Français doivent renoncer à attendre le salut d'un homme ou d'une femme providentiels, ou à s'en remettre à l'État pour reprendre collectivement en main notre destin. Cessons de rêver et de commémorer l'âge d'or mythifié des Trente Glorieuses pour affronter les problèmes du présent et reconstruire une France moderne dans l'histoire universelle du XXIe siècle, en renouant avec le fil de son histoire et de sa culture, qui conservent un lien indissoluble avec la dignité et la liberté des hommes.

Le déclin n'a rien de fatal

Le déclin de la France ne résulte ni de la loi d'airain du capitalisme mondialisé, ni de la construction européenne, comme le montre la réussite de l'Allemagne ou de l'Europe du Nord. Il est le fruit de la démagogie politique, basée sur le refus des réalités du XXIe siècle ; elle a enfermé les Français dans le renoncement pour les transformer en spectateurs de leur chute à travers le culte de la commémoration. Pourtant, le déclin n'a rien d'inéluctable : il peut être enrayé par un sursaut national, dont notre histoire comme nombre de démocraties montrent l'exemple.

Faute d'avoir réussi à conjuguer stabilité des institutions et liberté politique, la France présente un profil très heurté depuis 1789, alternant les phases de violents décrochages et de brillants rattrapages. Comme aimait à le souligner le général de Gaulle, elle est le pays qui ne fait des réformes qu'à l'occasion des révolutions. Ainsi en fut-il sous l'empire libéral, à la Belle Époque, au cours des Années folles et surtout durant les Trente Glorieuses.

En 1945, la production de la France était inférieure de moitié à son niveau de 1939. La dette de l'État culminait à 1 800 milliards de francs et les investissements nécessaires à son relèvement étaient estimés à 4 900 milliards de francs, soit trois années de revenu national d'avant-guerre. Le chômage était endémique. L'Europe était plongée dans le chaos. Pourtant, le niveau de production de 1938 fut atteint dès 1948 et la croissance du PIB s'éleva à 4,6 % par an, entre 1949 et 1969, alors qu'elle avait régressé de 0,3 % par an au cours de la décennie 1930. La raison du miracle est simple : la mise en place d'un nouveau modèle économique et social à travers la planification, les nationalisations, la création de la Sécurité sociale, l'instauration d'un pilotage keynésien de l'économie, le tout alimenté par les aides du plan Marshall. Mais aussi et surtout le réengagement des Français dans la production et le travail - dont la durée effective s'éleva à cinquante-six heures par semaine, même si les quarante heures furent officiellement maintenues.

Les autres démocraties ne sont pas davantage immunisées contre les trous d'air brutaux. Ce fut le cas du Royaume-Uni dans l'après-Seconde Guerre mondiale, jusqu'aux réformes réalisées par Margaret Thatcher. Ce fut le cas des États-Unis au cours des années 1970, dont la République impériale fut télescopée par la stagflation, par le désastre de la guerre du Vietnam et par le scandale du Watergate. Ce fut le cas du Japon et de la Suède, de l'Australie et de la Nouvelle-Zélande, sous le choc des crises financières des années 1990. Ce fut aussi le cas de l'Allemagne à la fin du XXe siècle, prise en tenailles entre mondialisation, passage à l'euro et réunification, jusqu'à ce que Gerhard Schröder tranche le nœud gordien avec son Agenda 2010 qui rétablit la puissance du pays en restaurant la compétitivité de son industrie.

Chacune de ces expériences fut différente. Mais elles présentent des points communs avec la reconstruction de la France après 1945 : le redressement fut précédé par une prise de conscience et un large débat public, porté par un projet national et impulsé par la volonté des citoyens.

Après quatre décennies d'une interminable descente aux enfers, la France ne relève plus d'un plan de relance mais d'une stratégie de reconstruction. Elle doit réinventer un projet national et se doter d'un modèle économique à la fois singulier et efficace pour assurer sa prospérité et sa liberté face aux risques globaux du XXIe siècle. Pour cela, il faut sortir du mensonge, discuter et arrêter les principes, le programme et la méthode du redressement.

L'histoire comme l'expérience des autres démocraties nous livrent dans cette perspective deux enseignements majeurs. Tout d'abord, la priorité absolue doit être apportée à la remise en ordre intérieure. Depuis des décennies, les présidents jupitériens français sont la risée du monde en prétendant réguler la mondialisation, refonder l'Europe, donner des leçons de gouvernance à l'Asie, à l'Afrique ou récemment au Liban, alors qu'ils se montrent incapables de réformer la nation et l'État qu'ils sont censés diriger. La crédibilité internationale d'un dirigeant se mesure à la puissance de son pays, mais aussi à sa capacité à le mettre en mouvement. Le général de Gaulle ne s'y était pas trompé, qui avait pris garde de redresser l'économie, d'assainir les finances publiques et de mettre fin à la guerre d'Algérie avant de lancer son grand dessein diplomatique d'une Europe allant de l'Atlantique à l'Oural. Sa leçon mérite d'être retenue : la reconstruction de la maison France s'impose comme l'urgence qui commande toutes les autres et qui conditionne la possibilité pour notre pays de conduire de nouveau une politique extérieure crédible en Europe et dans le monde.

Second impératif, la reconstruction de la France sera le fait des Français ou ne sera pas. Croire aujourd'hui que l'Europe paiera est aussi absurde que proclamer en 1918 que l'Allemagne paiera l'était. Les Français sont seuls responsables de l'abaissement de leur pays ; ils sont seuls à même de le relever et ne devront compter que sur leurs propres forces pour imaginer et mettre en œuvre un nouveau modèle national autour de cinq pactes fondamentaux.

Le pacte productif

La France n'a plus droit à l'erreur. Les orientations arrêtées pour la reprise et l'utilisation des fonds du plan de relance européen décideront de sa capacité à se maintenir ou non dans les dix premières puissances mondiales au cours de la décennie 2020. Pour cela, il est impératif d'éviter la faute cardinale de la sortie du krach de 2008, qui privilégia le court terme en accélérant la course aux dettes publiques et privées pour résoudre une crise de surendettement. Il ne faut se tromper ni de diagnostic, ni de remède. Contrairement aux illusions entretenues sur le caractère permanent, illimité et gratuit de l'argent public, la prochaine décennie sera dominée par les contraintes de la dette et de son financement, alors que le secteur privé et les bases fiscales se contractent fortement. Et ce, sur fond de remontée des risques souverains et des tensions au sein de la zone euro en raison de la divergence entre pays du Nord et du Sud. La clé du redressement réside donc dans le relèvement de la croissance potentielle, en dépit des coupes sombres dans l'appareil productif et les emplois.

L'origine du mal français et son remède se trouvent du côté de l'offre et non pas de la demande. La priorité doit donc aller à la production et non à la redistribution. Le premier frein à la consommation ne découle en effet pas de l'insuffisance des revenus mais de la peur du chômage, qui ne peut être endiguée que par le rétablissement des entreprises. Or celles-ci sont très vulnérables du fait de la faiblesse de leurs fonds propres et de leur déficit de compétitivité, aggravé par l'effondrement de l'investissement en 2020. Tout l'effort doit donc porter sur la reconstitution d'une offre productive. Dans le même temps, il faudra exclure les fausses solutions qui ont systématiquement échoué, à savoir le protectionnisme, l'étatisme, l'emballement des dépenses publiques et les hausses d'impôts qui sont des armes de destruction massive de la croissance et de l'emploi.

Les entreprises sont la clé de la reconstruction de l'économie française, car leur situation conditionne la croissance potentielle, l'emploi et les recettes fiscales futurs. L'urgence consiste à leur permettre de rattraper le déficit de production accumulé durant le confinement, en favorisant la flexibilité du travail, en encourageant l'investissement par l'accélération de l'amortissement, et en desserrant le carcan réglementaire et fiscal qui ligote l'innovation. Au-delà, l'économie française doit remonter la chaîne de valeur et se repositionner sur les secteurs clés du XXIe siècle : le numérique, la transition écologique, la gestion des villes, la connaissance.

Pour cela, il est indispensable de restaurer un écosystème de compétitivité aujourd'hui très dégradé en améliorant tous les facteurs de production : le travail grâce à la formation et à la flexibilité ; l'efficacité du capital ; l'innovation ; la mise à disposition d'une énergie décarbonée et compétitive. L'esprit est aussi important que les moyens. L'amélioration de la qualité du travail est décisive et passe par un vaste effort de formation et d'éducation. L'enseignement supérieur et la recherche devraient se voir affecter 2 % et 3 % du PIB, contre respectivement 1,5 % et 2,2 % actuellement, afin de se mettre à niveau des États-Unis, du Japon ou de l'Allemagne. Pour cela, le goût du risque, la culture scientifique et la confiance dans le progrès devront être réhabilités. Ceci implique la promotion de l'autonomie des universités, la débureaucratisation de la recherche publique, l'encadrement strict du calamiteux principe de précaution qui n'a protégé les Français que contre tous les moyens de lutter efficacement contre l'épidémie de Covid-19. Simultanément, à l'exemple du plan Biden aux États-Unis, un vaste programme de mise à niveau des infrastructures est nécessaire, particulièrement dans le domaine du numérique et de l'énergie.

Un effort particulier mérite d'être engagé en faveur de l'industrie. Elle continue à jouer un rôle central pour l'emploi, les gains de productivité, la recherche et l'exportation. Elle est indispensable pour la décarbonation effective de l'économie, en rupture avec l'exportation destructrice pour l'environnement des activités polluantes vers les pays aux normes les plus faibles. Elle est vitale pour la résilience de la nation, face au risque majeur que constitue la dépendance vis-à-vis de la Chine pour la fourniture des biens essentiels, notamment dans la santé. Or, l'industrie française a vu sa part dans la valeur ajoutée chuter à 11 % - 16 % dans la zone euro et 22 % en Allemagne - et a perdu 2,5 millions d'emplois en un quart de siècle. Pis, nombre d'entreprises et de technologies stratégiques ont disparu ou sont passées sous contrôle étranger dans l'indifférence générale.

La situation est aujourd'hui d'autant plus critique que la crise liée à la Covid-19 frappe de plein fouet nos dernières filières d'excellence, à l'exception du luxe : l'aéronautique, l'automobile, le tourisme, la culture et l'évènementiel. Loin de se détendre, la concurrence s'exacerbe sur fond de guerres commerciales, technologiques et monétaires et de remontée en flèche des tensions internationales. Et ce, y compris au sein du grand marché vers lequel l'industrie allemande, dont l'activité a progressé de plus de 40 % depuis 2000 et qui a bénéficié du « plan bazooka » de 1 300 milliards d'euros, réoriente ses exportations en réaction à la fermeture de la Chine et aux mesures protectionnistes mises en place aux États-Unis.

La relocalisation des activités industrielles essentielles à la continuité de la vie nationale est donc impérative. Mais elle ne peut réussir que sous des conditions strictes. Il est essentiel de choisir et de se concentrer sur les activités à forte valeur ajoutée car toute activité n'est pas relocalisable, soit pour des raisons géographiques - énergie et matières premières -, soit pour des raisons technologiques - disparition des compétences et des équipements -, soit pour des raisons économiques - coûts français trop élevés. L'argent public doit privilégier les secteurs d'avenir, au lieu de tenter vainement de maintenir ou de ressusciter les activités du passé, et s'investir en fonds propres, dont l'insuffisance constitue la première faiblesse des PME et ETI, sans pour autant interférer avec la stratégie et la gestion des entreprises. La dynamique de la relocalisation a vocation à être impulsée par le bas, à partir des compétences et des technologies disponibles, et financée par le haut, au lieu d'être impulsée par l'État et sous-financée par les entreprises en raison de leur faible profitabilité.

En bref, le pacte productif repose sur un partenariat rénové entre l'État et les entreprises, en rupture avec tout ce qui a échoué depuis la calamiteuse tentative de reconquête du marché intérieur de 1981 : l'étatisme avec des programmes technocratiques déconnectés de la réalité des entreprises et des marchés ; le saupoudrage des crédits et leur affectation à la préservation des rentes plutôt qu'à l'innovation ; la multiplication des protections qui tuent la compétitivité. Ce pacte n'a de sens que s'il est adossé au grand marché européen, à ses 450 millions de consommateurs à fort pouvoir d'achat, à la mise en place d'un principe de préférence européenne fondé sur le respect des normes, des règles et des droits fondamentaux de l'Union – tout particulièrement en matière de gouvernance des entreprises et de responsabilité sociale et environnementale…

Le pacte social

La décroissance, promue par nombre d'écologistes, est à éviter à tout prix car elle implique la paupérisation massive des Français et l'explosion des tensions sociales, soit la promesse de l'arrivée au pouvoir de l'extrême droite. Cette orientation serait d'autant plus absurde que la croissance inclusive et soutenable constitue pour la France un objectif parfaitement réaliste et atteignable. Mais elle n'est pas donnée ; elle devra être construite. Et son déploiement passe par la réconciliation et la mobilisation des trois formes de capital : humain, financier et environnemental.

Dans une économie de la connaissance et de services à haute valeur ajoutée, le capital humain est décisif. L'éducation constitue la première réponse à la révolution numérique comme au risque de déclassement, du fait de la transformation des emplois et des entreprises, des bouleversements des cadres sociaux et des modes de vie. Éducation et formation ont donc vocation à devenir la première des politiques publiques, mais devront être radicalement repensées pour accompagner les individus tout au long de leur vie avec, pour objectif prioritaire, de leur permettre d'accéder à l'emploi productif.

L'effondrement du système éducatif français constitue l'une des inquiétudes majeures pour l'avenir de la nation. Il a pris un tour critique avec les réformes récentes du lycée et du baccalauréat, qui provoquent l'abandon précoce des disciplines scientifiques ainsi que le biais systématique des notations, totalement déconnectées des connaissances et du niveau réel des élèves. Ceci favorise la floraison d'établissements privés, aujourd'hui dans le supérieur, demain dans le secondaire, qui ne sauraient suppléer à l'existence d'un enseignement public de qualité. Celui-ci implique une réforme profonde associant l'autonomie des établissements, le renforcement de la formation des enseignements tout au long de leur carrière, surtout le retour à une éthique du travail et de la connaissance qui a été détruite par la logique du mieux-disant démagogique.

La société inclusive ne peut davantage naître de la multiplication infinie des aides publiques financées par la dette, qui ont montré leurs limites en réduisant les citoyens en clients de la puissance publique. Elle repose sur une véritable intégration fondée sur l'éducation, le travail et la participation à la vie publique. L'État providence, fondé sur le versement automatique d'aides en fonction de catégories administratives, est inefficace contre l'exclusion, insoutenable financièrement et dévastateur pour la citoyenneté. À cette conception passive devrait succéder une logique d'activation de la protection sociale, liant transferts et intégration. Et ce, tout particulièrement pour les jeunes : leur taux de pauvreté approche les 20 %, tandis que 1,5 million d'entre eux ne sont ni employés, ni en études, ni en formation, ce qui les voue à l'exclusion ou à la délinquance tout en constituant un gâchis inouï pour la nation. La solution ne réside certainement pas dans un improbable Pass Culture, mais dans un revenu garanti qui serait soumis à un parcours de formation et d'insertion sur le marché du travail.

La même démarche devrait être engagée vis-à-vis des immigrés, en liant aides et parcours d'intégration. L'immigration empoisonne le débat public et fait le jeu de l'extrême droite depuis trop longtemps, sans qu'une politique claire ait été élaborée et mise en œuvre. Il est plus que temps de trancher en rompant avec les deux mythes de l'immigration zéro et de l'ouverture illimitée des frontières à travers des principes simples : mise en place de quotas ; effort maximal d'intégration des étrangers en situation régulière ; lutte active contre les discriminations ; expulsion effective et systématique des clandestins et des étrangers condamnés à des peines de prison.

Les fractures sociales provoquées par la mondialisation et la révolution numérique sont allées de pair avec la polarisation des territoires, les métropoles concentrant le développement, les emplois à haute valeur ajoutée, les investissements et les richesses. Or, l'épidémie de Covid-19 a soudainement interrompu ce processus, créant un brutal trou d'air pour les métropoles, tandis que se dessine un renouveau des villes moyennes qui ont bien mieux résisté et séduisent de plus en plus les cadres et les catégories supérieures de la population.

Ce mouvement de rééquilibrage du territoire est salutaire et peut contribuer à un développement plus soutenable, tant sur le plan géographique que sur le plan social. Mais à plusieurs conditions. Tout d'abord, les métropoles restent les fers de lance de notre pays dans la mondialisation qui se restructure en blocs régionaux : il est vital qu'elles se réinventent et se redéveloppent après l'épidémie, ce qui est incompatible avec les stratégies malthusiennes, la dynamique de paupérisation et le refus des technologies qui dominent aujourd'hui et qui pourraient leur donner le coup de grâce. Ensuite, la nouvelle répartition des Français sur le territoire doit être activement soutenue et accompagnée par l'État, notamment en termes de formation et d'innovation, d'infrastructures numériques et d'aide à la mobilité durable.

La croissance inclusive constitue la clé du redéveloppement du capitalisme français comme de la pacification de la société. Elle implique de redéfinir l'équilibre entre, d'une part, les entreprises qui devront intégrer leur écosystème au nombre des parties prenantes et réinvestir certaines fonctions collectives et, d'autre part, l'État appelé à réduire ses interventions directes en dehors de ses fonctions régaliennes, pour recentrer son action sur la formation du capital humain, le financement des infrastructures et de l'innovation, et la régulation enfin.

Le pacte de modernisation de l'État

Il ne fait pas de doute qu'un État fort et efficace est indispensable pour répondre aux secousses et aux risques du XXIe siècle, comme l'ont montré les démocraties qui ont maîtrisé l'épidémie de Covid-19 et endigué la récession. Mais il doit prendre en compte la nouvelle donne placée sous le signe de l'incertitude, de la volatilité et de la complexité, aux antipodes du modèle centralisé, rigide et fermé propre à la technocratie française.

Au-delà de l'amélioration de l'environnement des entreprises, l'État est appelé à jouer un rôle majeur. Non pour remettre en place les structures d'une économie administrée qui a failli dans le domaine de la santé, mais pour impulser la transformation du modèle français : par son poids financier, mais aussi par sa capacité d'entraînement de l'économie et par son impact dans les mentalités, il reste la clé de la modernisation du pays. Il a vocation à être repensé autour de la réassurance des chocs, de la décentralisation, de l'efficacité des services rendus aux citoyens, de la maîtrise de la dépense publique.

Il est plus que temps de cesser de faire l'État pour l'État en le remettant au service des Français. Et ce, autour de cinq priorités : le recentrage autour de la résilience de la nation et des missions régaliennes ; la décentralisation de l'organisation et le basculement vers une culture de coopération avec les collectivités territoriales, les entreprises et la société civile ; la priorité donnée à la qualité du service rendu au citoyen, notamment pour la santé et l'éducation, la police ou la justice ; la simplification drastique des structures et des procédures, associée au démantèlement de la bureaucratie pour redéployer les effectifs vers les postes opérationnels ; la reprise de contrôle du niveau de la dépense publique – condition d'un désendettement progressif – doublée de la réorientation des dépenses improductives vers les investissements et le soutien à l'innovation.

Le pacte pour la sécurité

Le constat de l'effondrement de l'ordre public et de la sécurité est incontestable. Nul ne l'a mieux dressé que Gérard Collomb, lors de son départ du ministère de l'Intérieur, le 3 octobre 2018, qui déclara : « La loi du plus fort [...] a pris la place de la République. [...] On vit côte à côte, je crains que demain on ne vive face à face. » L'État a perdu non seulement le contrôle de l'ordre public, mais le monopole de l'exercice de la violence légitime face à la conjonction des menaces issues des démocratures, du terrorisme islamiste, de l'explosion des agressions, des violences urbaines et des braises toujours chaudes du mouvement des Gilets jaunes, que cherchent à réanimer les mobilisations contre le pass sanitaire.

La police et les armées traversent une crise existentielle qui se traduit par l'épuisement et les mouvements sociaux à répétition dans la première, la multiplication des appels et pétitions au sein des secondes. Le ministère de l'Intérieur, faute de modernisation de ses structures, de ses méthodes et de ses équipements, particulièrement dans le domaine numérique, se trouve dans l'impossibilité de répondre aux multiples urgences. En dépit d'une révision à la hausse du budget de la défense depuis 2015, le grand écart entre les ambitions de puissance de la France et l'effort de défense continue à se creuser. Nos armées restent l'un des rares secteurs performants de l'action publique. Mais elles sont écartelées entre leurs moyens limités et la multiplication à l'infini de leurs missions et de leurs opérations pour tenter de remédier à la faillite des administrations civiles - de l'opération Sentinelle au service universel, en passant par la mise en place absurde d'un hôpital de campagne durant la pandémie.

La diplomatie n'est pas mieux lotie qui, sous la prétention d'un réseau et d'une influence planétaires, se trouve marginalisée par la fonte de ses moyens, par une politique étrangère sans cap et par le discrédit de notre pays en Europe, qui laisse l'Allemagne seule en position de leader de l'Union. La situation est également critique pour la justice prolétarisée, qui a perdu la confiance des citoyens.

L'État régalien se trouve ainsi pris en tenailles entre les demandes légitimes des citoyens en matière de sécurité publique, d'une part, l'effondrement parallèle de ses moyens et des valeurs républicaines qu'il est censé incarner et défendre, d'autre part. Cette crise morale a été exacerbée par la disparition de l'ENA, qui achève d'affaiblir l'attractivité de la haute fonction publique, et par la suppression du corps préfectoral et du corps diplomatique, qui vont précipiter la perte des compétences professionnelles au profit d'une gestion clientéliste des postes de direction de l'État. Elle est aussi alimentée par l'ambiguïté délétère entretenue autour de la défense des valeurs de la République, la négation de la culture française ou la volonté de déconstruire l'histoire de France.

La décomposition de la nation est proportionnelle à la perte de contrôle de l'ordre public et à la déliquescence de l'État régalien. L'État prétend de plus en plus diriger les Français et dicter leurs comportements, alors qu'il est incapable de les protéger et de remplir ses missions essentielles. Le rétablissement de la sécurité publique est la condition du retour de la confiance des citoyens dans la démocratie. Au lieu de multiplier les états d'urgence pour masquer l'impuissance publique, l'urgence doit aller au réinvestissement dans l'État régalien.

Pour la sécurité intérieure, cela passe par la réorganisation du ministère de l'Intérieur, le basculement d'une culture de l'urgence à une culture de la planification et de l'anticipation, la création d'un centre de commandement des opérations sur le territoire national, la priorité donnée aux équipements, notamment au rattrapage du formidable retard accumulé dans l'utilisation des technologies numériques ou des drones.

Dans le domaine de la défense, la France, qui dispose d'une responsabilité particulière dans la sécurité du continent européen après le Brexit, doit impérativement remettre en cohérence ses ambitions et ses moyens. L'objectif consiste à élaborer et à appliquer une stratégie globale autour des objectifs suivants : autonomie de décision et d'action ; résilience des armées et de la nation ; agilité et flexibilité ; aptitude à fédérer les services de l'État, à travailler avec nos partenaires et nos alliés comme avec les acteurs économiques et sociaux.

La gestion de crise et la réponse aux menaces hybrides exigent en particulier de mobiliser et de coordonner dans un délai bref les différentes fonctions de l'État et tous les leviers stratégiques : défense mais aussi diplomatie, sécurité intérieure, économie, communication, santé publique, mesures de cohésion sociale. Or l'intervention au Sahel, si elle a fait la démonstration de la capacité de décision et d'action au plan militaire, a également mis en évidence la difficile articulation avec la recherche d'une issue politique, les politiques de développement, le soutien de nos partenaires européens. Autant de réalités qui expliquent l'échec stratégique de l'opération Barkhane. Le Royaume-Uni, à la suite de la Strategic Defense and Security Review de 2015, s'est pour sa part doté d'une stratégie globale d'influence efficace, mise en œuvre par le Conseil de sécurité nationale placé auprès du Premier ministre.

Le durcissement du contexte géopolitique impose de maintenir les atouts stratégiques dont dispose la France : dissuasion nucléaire, modèle complet d'armée, capacité à assumer le rôle de nation-cadre et à entrer en premier sur un théâtre d'opérations. Mais il invite aussi à aller au-delà et à corriger les faiblesses du système de défense. En intégrant pleinement la possibilité d'un affrontement direct avec les puissances expansionnistes et en se préparant au combat de haute intensité, notamment en Méditerranée. En améliorant l'aptitude à anticiper, la réactivité et l'endurance de nos forces. En alliant régénération, comblement des lacunes capacitaires et modernisation avec un investissement soutenu dans les drones, l'espace, le cyber, l'influence et l'intelligence artificielle. En reconstituant des stocks stratégiques, particulièrement pour les pièces de rechange et les munitions. En développant la coopération des armées avec le secteur privé, notamment à travers le développement de la réserve.

Trois leviers doivent dès lors être activés. Le premier est celui des hommes et des talents pour conforter l'attractivité de la condition militaire, mais aussi le recrutement des compétences indispensables à l'industrie et à la recherche. Le deuxième concerne les technologies et le soutien de l'innovation dans les domaines des systèmes de combat autonomes, de l'hypervélocité, de la cybersécurité ou de l'intelligence artificielle, avec la création d'un écosystème associant grands groupes, start-up, recherche fondamentale et pouvoirs publics, à l'image de la réussite israélienne. Le troisième, clé, est financier : alors que la dette publique explose, il faut éviter que le budget de la défense et l'État régalien se trouvent une nouvelle fois sacrifiés à l'État providence. La tentation sera grande de diminuer, voire de remettre en question, après l'élection présidentielle, la progression de trois milliards d'euros par an de 2023 à 2025 que prévoit la loi de programmation militaire pour les années 2019 à 2025. Or, la poursuite de l'effort de remontée en puissance engagé en 2015 est indispensable pour assurer la modernisation de la dissuasion, conserver une crédibilité opérationnelle et assurer la visibilité nécessaire aux industriels pour innover.

Le pacte démocratique

La priorité consiste à rebâtir, à partir d'individus atomisés, une communauté de citoyens engagés dans la décision publique et partageant un projet commun. Les émeutes urbaines, la diffusion du terrorisme islamiste sur l'ensemble du territoire, le mouvement des Gilets jaunes puis des antivax, la violence des revendications communautaristes ont dévoilé la profondeur et la diversité des fractures qui écartèlent la Nation. Le corps social et politique doit être patiemment reconstitué. L'éducation est fondamentale, car on ne naît pas citoyen, on le devient. L'intégration est centrale car elle matérialise la solidarité et la communauté de destin. Mais il faut aussi faire évoluer sérieusement nos institutions afin d'en renforcer la légitimité et l'efficacité.

Au plan local, grâce à la décentralisation, mais aussi au plan national, en réamorçant les contre-pouvoirs, en utilisant tout le potentiel des nouvelles technologies pour impliquer les Français dans la discussion et l'application des mesures votées. Dans *De la démocratie en Amérique* (1835-1840), Alexis de Tocqueville soulignait qu'« il y a plus de lumière et de sagesse dans beaucoup d'hommes que dans un seul ». Les Français doivent reprendre confiance en eux-mêmes : ils disposent d'infiniment plus de lumière et de sagesse que le chef d'un État surendetté, immense et paralysé.

Pour cela, il faut en finir avec l'absolutisme présidentiel, qui voit un homme seul prétendre décider de tout, du nombre des lits de réanimation à celui des loups sur le territoire, en passant par la classification des biens et des services réputés être essentiels, pour finir par n'agir sur rien. Et pour cela, *a minima*, supprimer l'alignement des élections législatives sur les présidentielles ; introduire une dose de proportionnelle dans le mode de scrutin législatif ; renforcer les pouvoirs du Parlement en limitant le nombre de parlementaires ; réduire de manière drastique le nombre des nominations relevant du président de la République.

La violence est un cancer qui ronge la démocratie. Elle ne peut être efficacement combattue que par l'État de droit et par une justice jouant un rôle effectif de contre-pouvoir. Or la Constitution de la Ve République refuse à la justice le statut de pouvoir à part entière pour en faire une simple autorité, institutionnalisant son caractère subordonné à l'exécutif. La prolétarisation de la justice en découle directement : notre pays, où les dépenses publiques ont atteint 65 % du PIB, ne consacre, selon la Commission européenne, que 72 euros par habitant et par an à la justice - contre 155 au Royaume-Uni, 146 en Allemagne et 95 en Italie - et ne compte que 10 juges pour 100 000 habitants contre 24 en Allemagne et 21 pour la moyenne de l'Union européenne. Enfin, le fossé n'a cessé de se creuser entre, d'une part, le corporatisme des magistrats qui prétendent avoir le monopole de la justice et faire primer leur morale sur la loi, et, d'autre part, la défiance croissante des citoyens. Celle-ci a été considérablement renforcée par l'épidémie de Covid-19 qui a acté la faillite opérationnelle de l'institution judiciaire, avec l'arrêt de l'activité des tribunaux durant trois mois, et vu la suspension des libertés publiques par l'état d'urgence sanitaire - situation unique dans le monde développé.

Face à l'implosion de la société française et à la montée de la violence, la modernisation de la justice constitue une grande cause nationale. Elle passe par sa reconnaissance dans la Constitution comme un pouvoir de plein exercice. Elle demande une loi de programmation qui planifie, sur cinq ans, le doublement du budget pour permettre un rattrapage en termes d'effectifs, de déroulement des carrières et des rémunérations, d'utilisation des nouvelles technologies qui ont fait tragiquement défaut pendant le confinement. Mais cette révolution du statut et des moyens de la justice n'a de sens que si elle s'accompagne de profondes transformations, notamment dans la formation et la culture des magistrats, dans leur régime de responsabilité, dans leur respect des justiciables et des libertés individuelles.

La question ultime concerne le projet de la France au XXIe siècle et les valeurs qui peuvent le porter. Le paradoxe veut que notre pays n'a jamais autant douté de lui-même, alors que les idéaux et les modes d'organisation qu'il incarne sont particulièrement bien adaptés au XXIe siècle. Le capitalisme durable implique la reconnaissance de l'entreprise comme nœud de multiples parties prenantes, dans la continuité des notions d'intérêt social et de raison d'être. Les révolutions numérique et climatique comme l'inclusion imposent la recherche d'un partenariat efficace entre la puissance publique et le marché, et la prise en compte de biens communs au-delà des seuls intérêts individuels. Les risques planétaires, à l'image de la pandémie, soulignent à la fois l'importance de la Nation et le caractère indispensable de la coopération entre les nations.

Par ailleurs, la révolution française est indissociable de l'affirmation de la souveraineté, c'est-à-dire de la capacité pour les individus et les nations de maîtriser leur destin. Elle implique que les citoyens et les peuples puissent décider de leur avenir, ce qui est le problème central du XXIe siècle face à la mondialisation, à la révolution numérique, au fanatisme religieux ou aux menaces des régimes autoritaires conduits par la Chine. Cette souveraineté peut s'articuler au plan local, régional, national et européen, même s'il est clair que les États ont vocation à demeurer le pivot des sentiments d'appartenance et de l'exercice des droits politiques. Elle est la clé de la résistance aux populismes comme aux démocratures. Elle trace aussi, pour la France comme pour l'Union, un cap particulièrement utile dans un monde très volatile et dangereux, marqué par le retour des empires et des puissances se fixant pour objectif l'annihilation de la démocratie.

La devise même de notre République – « Liberté, égalité, fraternité » –, répond parfaitement aux défis de l'histoire universelle. La liberté politique est première et doit être défendue à tout prix face aux djihadistes, aux démocratures et aux tenants de la démocratie illibérale. L'égalité réelle des droits et des devoirs entre les citoyens fonde l'inclusion. La fraternité permet de surmonter les tensions entre liberté et égalité, et rappelle tant la vocation commune de l'humanité que la dignité de tous les hommes. Le caractère universel des droits de l'homme, affirmé dès 1789, n'a jamais été plus légitime qu'au moment où tous les habitants de la planète sont interconnectés, partagent la même histoire et les mêmes risques, à commencer par le réchauffement climatique. La France n'incarne ni l'histoire, ni la morale universelles. Mais elle a contribué à faire émerger et à diffuser dans le monde des principes qui restent fondamentaux pour la liberté et la dignité des hommes. Au lieu de les dénaturer ou de les critiquer, elle doit les assumer et les faire vivre. Cessons de déconstruire notre histoire, inventons plutôt la République du XXIe siècle !

* *
*

La France vit sur un volcan. Le travail des générations de l'après-Seconde Guerre mondiale lui avait rendu sa grandeur et sa richesse. Quatre décennies de démagogie et de renoncements ont ruiné son économie, aliéné sa souveraineté financière à l'Allemagne et aux marchés, miné son corps politique et social, dégradé son image et ses idéaux. Le compte à rebours de son effondrement est désormais lancé : soit il se poursuit jusqu'à conduire l'extrême droite au pouvoir – négation de l'histoire de notre nation ; soit il est interrompu par un sursaut.

Si le programme du Conseil national de la Résistance de 1944 est caduc, car les années 2020 sont aux antipodes de la sortie de la Seconde Guerre mondiale, son esprit qui cherchait à définir un point d'équilibre entre toutes les forces vives de la nation pour les mobiliser autour de sa reconstruction demeure actuel. Après la tragédie des années 1930, placées sous le signe de la décroissance et de l'impuissance face à la montée des totalitarismes, un nouveau départ a été pris qui replaça notre pays parmi le peloton de tête des pays développés, fondé sur les réformes de structure mais aussi la priorité donnée à la production, l'investissement et l'innovation.

À nous de réinventer, à travers un large débat public, un modèle français performant assurant un équilibre entre le développement et la solidarité, le marché et l'État, la sécurité et la liberté, la souveraineté nationale et l'intégration européenne. Et ce, dans un monde dont l'épidémie de coronavirus nous rappelle qu'il reste, pour le meilleur et pour le pire, à l'âge de l'histoire universelle, dominé par l'interdépendance des hommes, des nations et des continents. Alexis de Tocqueville, analysant dans *L'Ancien Régime et la Révolution* (1856) les soubresauts de l'histoire politique de la France, observait que « si les Français qui firent la Révolution étaient plus incrédules que nous en fait de religion, il leur restait du moins une croyance admirable qui nous manque : ils croyaient en eux-mêmes ». Il ne manque aux Français que de croire en eux-mêmes pour étonner de nouveau le monde et renouer le fil brisé de leur histoire, qui reste indissociable de la liberté.

Conclusion

Le courage de la vérité

> « Dites-vous que la liberté se confond avec le bonheur et le courage avec la liberté. »
>
> Périclès, discours au début de la guerre du Péloponnèse (– 431)

Le 8 juin 1978, Alexandre Soljenitsyne, devant les étudiants d'Harvard, provoqua stupéfaction et embarras en consacrant son discours au déclin du courage au sein des démocraties. « Le déclin du courage, constatait-il, est peut-être ce qui frappe le plus un regard étranger dans l'Occident d'aujourd'hui. Le courage civique a déserté non seulement le monde occidental dans son ensemble, mais même chacun des pays qui le composent. [...] Ce déclin du courage est particulièrement sensible dans la couche dirigeante et dans la couche intellectuelle dominante, d'où l'impression que le courage a déserté la société tout entière. Bien sûr, il y a encore beaucoup de courage individuel, mais ce ne sont pas ces gens-là qui donnent sa direction à la vie de la société. »

La mise en garde de Soljenitsyne, mise au compte d'un nationalisme et d'un conservatisme étroits, fut oubliée avec la chute du mur de Berlin et l'effondrement du soviétisme. L'Occident célébra l'avènement de la démocratie de marché, quand bien même ce n'était pas l'Ouest qui avait vaincu mais l'Est qui s'était désintégré. Tout à la certitude de détenir le modèle universel vers lequel tendait l'humanité à l'ère de la mondialisation, les démocraties se sont volontairement aveuglées sur les transformations du XXIe siècle : l'émergence d'un système multipolaire qu'elles ne contrôlent plus ; le basculement du centre de gravité du capitalisme vers l'Asie ; la dépendance croissante envers le total-capitalisme chinois ; la montée des menaces émanant du djihadisme et des démocratures.

Plus de quarante ans après, le discours d'Harvard apparaît incroyablement lucide et visionnaire. Le déclin du courage s'affirme à la fois comme le baromètre et le moteur de la crise de la démocratie. Comme l'Union soviétique à partir des années 1970, l'Occident a entrepris de se décomposer de l'intérieur sous la pression du mensonge et de la facilité, qui ont miné le respect de la raison et la foi dans la liberté. La dictature des identités et la tyrannie des minorités activistes ont sapé la valeur universelle des droits de l'homme. Le déchaînement des passions collectives a fait le jeu des populismes qui ont conquis, avec les États-Unis et le Royaume-Uni, le cœur du système démocratique. Les démocraties occidentales ont ainsi successivement perdu le contrôle de l'histoire et de l'ordre international – avec la succession des guerres enlisées et perdues qui ont succédé aux attentats du 11 septembre 2001 –, du capitalisme – avec le krach de 2008 et la crise de l'euro –, de la protection sanitaire de leur population – avec l'épidémie de Covid-19 –, de la direction intellectuelle et morale du système mondial – qui menace de basculer vers les régimes autoritaires, validant le pari de Xi Jinping d'une victoire sans même avoir à livrer bataille grâce à l'effondrement intérieur du monde libre.

La pandémie a de fait confirmé le constat de Nikolaï Gogol dans *Les Âmes mortes* (1842), selon lequel « plus contagieuse que la peste, la peur se communique en un clin d'œil ». Faute de s'être préparées ou d'avoir anticipé l'épidémie, la plupart des démocraties ont cédé à la peur, en s'inspirant des mesures de confinement et de restrictions drastiques des libertés mises en place en Chine. C'est bien le modèle autoritaire qui s'est trop souvent imposé comme la référence, justifiant le contrôle de la population, la suspension des libertés publiques, de l'État de droit et de la vie démocratique.

La peur a tout emporté. Elle s'est imposée comme l'ultime refuge des individus, des entreprises et des nations, et laisse des séquelles durables. Peur des citoyens devant la maladie et devant l'autre, perçu avant tout comme une menace à éloigner. Peur d'importantes minorités devant le vaccin, seul antidote efficace face à la Covid-19. Peur des familles devant la récession et le chômage qui les conduit à épargner et à spéculer. Peur des entreprises qui réduisent leurs prévisions, sabrent les budgets d'investissement et de recherche, coupent dans leurs effectifs et rapatrient la sous-traitance. Peur des banques devant le mur des faillites et l'accumulation des créances potentiellement douteuses. Peur des dirigeants d'entreprise et des responsables gouvernementaux devant les menaces d'actions pénales, qui les réduit à l'impuissance au nom d'un principe de précaution dévoyé. Peur des politiques publiques qui, faute de stratégie, se sont réfugiées dans des postures anxiogènes et ont infantilisé les citoyens.

La peur s'est révélée le pire des remèdes face à l'épidémie. Elle a paralysé la riposte sanitaire, y compris pour le lancement de la campagne de vaccination – pourtant seule voie pour la sortie de crise – en Europe. Elle a entraîné les individus dans un mouvement de repli sur soi et de méfiance envers l'autre qui pèsera durablement. Elle a déchaîné les passions nationalistes, protectionnistes et xénophobes. Elle a amorcé une spirale infernale, en nourrissant la haine qui alimente la violence.

L'épidémie de Covid-19 marque ainsi un ultime avertissement qui doit être entendu. Sans une remise en route radicale de la régulation du capitalisme, sans une dynamique de lutte contre les inégalités et de reconstitution du lien social, sans une reconfiguration des États, sans une nouvelle alliance de nations libres, la démocratie sera en très grand danger.

La décennie 2020 s'annonce ainsi comme décisive pour la démocratie, pour l'Occident, pour l'Europe et pour la France. Elle déterminera largement le destin de la liberté au XXIe siècle. La démocratie, à commencer par les États-Unis, doit remédier à sa corruption intérieure par les divisions, la polarisation et les populismes, sauf à laisser les régimes autoritaires, désormais rangés autour de la Chine, prendre irrémédiablement l'avantage. Pour l'Occident, il ne s'agit pas de retourner vers le leadership américain de l'après-Seconde Guerre mondiale, définitivement caduc, mais de renouer avec ses valeurs qu'il a désertées et qui font aujourd'hui le succès de l'Asie : l'application du calcul rationnel à la production et à la répartition des richesses ; le progrès scientifique pour connaître et valoriser l'univers ; le pari de l'innovation ; l'investissement prioritaire dans l'éducation comme clé de l'avenir. L'Union se désintégrera si elle ne parvient pas à affirmer sa souveraineté face aux géants du XXIe siècle et à mettre en place l'Europe politique, qui constitue la clé de voûte et la condition de survie de son intégration économique et monétaire. La France enfin deviendra une nation de second rang dans une Europe dominée par l'Allemagne, elle-même tournée vers le nord et l'est du continent, si elle ne parvient pas à transformer radicalement son modèle économique, à ressouder la société et à rétablir la paix civile.

L'histoire est aujourd'hui encore ouverte mais elle va rapidement se cristalliser. Il n'existe en effet pas plus de monde d'après que de monde d'avant l'épidémie, mais seulement un système planétaire dans lequel les chocs se multiplient et où les risques remontent en flèche. Un monde dans lequel il faut s'atteler à régler les dysfonctionnements, accumulés au fil de décennies d'inconséquence et de négligence, ou bien se préparer à en régler les factures au prix fort.

Le capitalisme, dans sa configuration d'une mondialisation régionalisée, survivrait difficilement à une nouvelle explosion des bulles spéculatives, qui provoquerait une désintégration des échanges et des paiements mondiaux. La démocratie perdrait pied face aux démocratures et aux djihadistes si une nouvelle vague de populisme atteignait les États-Unis, sous la forme du retour au pouvoir du trumpisme, ou bien les principales puissances européennes. La nouvelle guerre froide pourrait tourner à l'avantage de Pékin, si les nations libres se désunissaient ou si l'encerclement de l'Occident par les continents émergents réussissait. L'apparition d'une Europe politique est incompatible avec la divergence économique entre le nord et le sud du continent et à la merci d'un effondrement de la France.

En bref, il faut choisir : se transformer à marche forcée pour continuer à être acteur du XXIe siècle ou subir, être marginalisé, puis devenir un protectorat de l'un des empires qui se disputent la domination du monde. La partie n'est pas encore perdue, mais elle est très loin d'être gagnée et se trouve plutôt mal engagée.

Non que nos ennemis soient irrésistibles. Les djihadistes n'apportent que la misère et la ruine, la terreur et les massacres partout où ils s'installent. La Chine est confrontée à la chute de la démographie, à la fuite des élites et des capitaux accélérée par sa fermeture, à la tension entre le contrôle idéologique de la population et une économie d'innovation, aux dérives du pouvoir personnel et du culte de la personnalité. Les démocratures russes et turques fondent leur expansion sur la ruine et l'oppression de leur peuple. La théocratie iranienne a perdu la confiance de la population et ne survit que par la terreur.

Non que nous ne disposions pas des moyens de surmonter nos difficultés. Les démocraties, l'Europe et la France continuent à disposer de formidables ressources, notamment dans le domaine du capital humain qui détermine aujourd'hui la richesse des nations : talents, cerveaux, entrepreneurs, universités, centres de recherche, capitaux, infrastructures, pôles d'excellence publics et privés abondent. Ne manque que l'essentiel, à savoir la refondation des nations libres, une stratégie collective pour les mobiliser, un système de valeurs et une éthique pour les guider. Ne manque finalement pour reconstruire la démocratie, transformer l'Europe en puissance et redresser la France, que le courage de la vérité.

L'épidémie de Covid-19, en dehors de quelques nations comme la Nouvelle-Zélande de Jacinda Ardern, a vu culminer l'effondrement du leadership dans les démocraties, alors que les pouvoirs autoritaires se renforçaient. Le leadership se définit par la capacité à prendre la mesure de la situation, donner un cap, mobiliser les énergies. Il est vital en période de secousse historique. Or, il a connu un grand trou d'air dans tout le monde occidental. Tant au sommet des États que des entreprises, la priorité a été au sauve-qui-peut, au repli et à la prise de risque minimale, en dehors du secteur de la santé marqué par l'héroïsme des soignants et la percée des vaccins à ARN messager. Les visionnaires ont été peu nombreux et ont été marginalisés par les faux prophètes, par les démagogues ou par les gestionnaires à courte vue. Il nous faut donc reconstituer une capacité de leadership et un pouvoir légitime à tous les niveaux de l'économie, de la société et de l'État, ce qui passe par trois conditions : cesser le jeu de massacre contre les dirigeants et encourager leur stabilité plutôt qu'une rotation toujours plus rapide qui interdit la mise en place de stratégies à long terme ; ouvrir largement leur vivier en accélérant les efforts de parité et de diversité dans les entreprises comme dans le secteur public ; réinventer une éthique des dirigeants qui doit être ancrée dans les règles de gouvernance, mais surtout dans leur éducation et dans l'état d'esprit qui les anime.

Le leadership a pour pendant l'engagement des citoyens. Il n'existe pas de solution venue du haut à la crise existentielle que nous traversons. Notre avenir, en bien comme en mal, ne dépend que de nous. En démocratie, les citoyens, mêmes heureux, prospères et comblés à titre individuel, ne peuvent s'exonérer de leur responsabilité dans la chute de leur pays. La solution est donc à la fois très proche et très difficile, car elle suppose une prise de conscience, un changement de comportement, une remise en cohérence douloureuse de nos valeurs et de nos actions, de nos droits et de nos devoirs.

Il ne tient qu'à nous de désarmer le poison populiste et les passions collectives. Il ne tient qu'à nous de ne pas céder aux mensonges et aux fausses nouvelles largement diffusés par les réseaux sociaux, de ne pas nous livrer à la recherche de boucs émissaires, de ne pas nous abandonner à la violence. Et c'est bien en chacun de nous que peut s'opérer la bascule entre le déclin et le redressement, la peur et l'espoir. C'est en chacun de nous que se livre la lutte entre la raison et la colère, la loi et la violence, la liberté et l'oppression. C'est à chacun d'entre nous d'effectuer le choix fondamental. Sommes-nous prêts à nous remettre en question pour rester libres, ce qui suppose de disposer des moyens de notre souveraineté et de notre sécurité ? Ou bien préférons-nous le lâche renoncement qui, de compromis en concessions, nous conduira à perdre le contrôle de notre développement, de notre mode de vie, de nos institutions et de notre sécurité, et finalement de notre liberté ? Voilà un grand dilemme dont la France a pu éprouver la violence en juin 1940.

Il est très long et difficile de créer une véritable démocratie, ainsi que le confirment l'instabilité chronique de l'Amérique latine ou la transition chaotique de l'Europe centrale et orientale, après la chute du mur de Berlin. Elle repose non seulement sur un ensemble très complexe d'institutions, mais aussi sur une éducation et une éthique des citoyens qui ne s'acquiert que sur plusieurs générations. Il est en revanche très rapide de liquider la démocratie et de basculer dans l'autoritarisme ou la dictature, comme l'a éprouvé l'Europe dans l'entre-deux-guerres, passée en quelques années de la victoire de la liberté en 1918 au règne des totalitarismes et des autocrates à la fin des années 1930.

Les moments de plus grand danger sont aussi ceux où l'espoir peut renaître. Et le destin de la liberté peut tenir à peu de choses, à l'engagement de quelques hommes, à la détermination d'une Nation, comme l'a montré la bataille d'Angleterre qui bloqua les conquêtes de l'Allemagne nazie à l'ouest du continent européen et fournit un socle pour la résistance de la démocratie, comme le soulignèrent aussi les dissidents du bloc de l'Est dont la détermination et la ténacité finirent par triompher du totalitarisme soviétique, en dissipant la foi dans l'idéologie et en faisant reculer la terreur inspirée par l'État-parti.

L'histoire s'est remise en marche au XXIe siècle, avec son cortège de grandes crises, de guerres, de révolutions et de pandémies. Elle rebat brutalement les cartes entre les individus, les entreprises et les nations, creusant l'écart entre gagnants et perdants. Simultanément, le monde est en attente de nouvelles Lumières pour conjurer les risques planétaires qui pèsent sur l'humanité et créer les conditions d'un ordre plus stable et pacifique. Dans cet environnement, rester immobile, tabler sur le *statu quo* ou regarder vers le passé, c'est déjà être défait.

La France se trouve de nouveau sur la ligne de front. Par son histoire et ses valeurs, elle constitue un enjeu symbolique pour les djihadistes et les démocratures. Par sa situation, elle est la clé de l'avenir de l'Europe car de son redressement ou de sa faillite dépendra la poursuite de l'intégration au continent ou son implosion. Le destin de notre pays au XXe siècle a eu pour pivot l'effroyable débâcle de juin 1940, qui a fait écho au désastre de Sedan de 1870. L'effondrement militaire fut précédé et préparé par des crises politiques à répétition, l'installation d'un climat de guerre civile et la déstabilisation de la République. Nous n'avons pas le droit de rejouer cette tragédie au XXIe siècle.

La maxime de Georges Clemenceau va à l'essentiel et dit tout : « Il faut savoir ce que l'on veut. Quand on le sait, il faut avoir le courage de le dire ; quand on le dit, il faut avoir le courage de le faire. » Chassons donc la peur qui se nourrit de nos doutes. Écartons les mensonges et les fausses solutions. Cessons de nous incliner devant les démagogues, les fanatiques et les autocrates. Assumons le courage de la vérité. Regardons en face le champ de ruines et retroussons-nous les manches au lieu d'attendre en vain qu'elles soient relevées par une introuvable providence, par une révolution mythique ou par nos voisins européens. Reconstruisons la maison France ruinée. Puis portons haut nos valeurs dans ce qu'elles ont d'universel.

La remise sur pied de la démocratie est le meilleur antidote au populisme, au fanatisme religieux ou aux régimes autoritaires. L'exercice de la raison critique - qui commence par accepter que 2 et 2 font 4, y compris en matière de dépenses et de dettes publiques - demeure le moyen de trouver une issue aux dérèglements de l'économie, de la société et de l'État. La liberté politique est plus que jamais le seul remède efficace aux maux de la démocratie et son rempart ultime ne réside pas dans les institutions ou les traités de gouvernance, mais dans le cœur de chaque citoyen. Notre destin est entre nos mains. Décidons d'en être les acteurs au lieu d'en être aujourd'hui les spectateurs, pour en devenir demain les victimes. Les Français ne sont pas le problème, ils sont la solution !

Table des matières

Du même auteur (suite)

Dictionnaire d'histoire, économie, finance (en collaboration avec Frédéric Teulon et Guillaume Bigot), PUF, 2004.

La France qui tombe. Un constat clinique du déclin français, Perrin, 2003 ; « Tempus », 2006.

Les Orphelins de la liberté, Perrin, 1999.

Les Trente Piteuses, Flammarion, 1995 ; « Champs », 1998.

Raymond Aron. Un moraliste au temps des idéologies, Flammarion, 1993 ; « Tempus », 2006.

L'Impuissance publique (en collaboration avec Denis Olivennes), Calmann-Lévy, 1989 ; Points, 1994.

L'Invention du chômage (en collaboration avec Robert Salais et Bénédicte Reynaud-Cressent), PUF, 1986 ; « Quadrige », 1999.

Raymond Aron, La Manufacture, coll. « Qui suis-je ? », 1986.

Composition et mise en pages
Nord Compo à Villeneuve-d'Ascq

CET OUVRAGE
A ÉTÉ ACHEVÉ D'IMPRIMER
SUR ROTO-PAGE
PAR L'IMPRIMERIE FLOCH À MAYENNE
EN SEPTEMBRE 2021

N° d'impression : 98977
Imprimé en France